Monseigneur l'É

Rudyard Kipling

(Translator: Théo Varlet)

Alpha Editions

This edition published in 2023

ISBN : 9789357953474

Design and Setting By
Alpha Editions
www.alphaedis.com
Email - info@alphaedis.com

Contents

MONSEIGNEUR L'ÉLÉPHANT

Si tu ne veux pas qu'il t'écrabouille les doigts de pied, tu feras bien de te reculer tout de suite.

Car les bœufs vont deux par deux,

Les *byles*[1] vont deux par deux,

Les bœufs vont deux par deux,

Et les éléphants tirent sur les canons !

Ho hisse !

Les grands, gros, longs, noirs canons de quarante livres

Qui cahotent çà et là,

Chacun aussi gros qu'une chaloupe en remorque…

Aveugles, et sourds, ces copains à larges culasses des canons de batterie !

Chanson de caserne.

[1] Bœufs, en hindoustani.

Touchant la véracité de ce récit, il ne saurait y avoir aucun doute, car il me fut conté par Mulvaney, derrière les lignes des éléphants, par un soir brûlant où nous emmenions promener les chiens pour leur donner de l'exercice. Les douze éléphants du gouvernement se balançaient à leurs piquets devant les vastes écuries aux murs de terre (une voûte, large comme une arche de pont, pour chaque bête remuante) et les mahouts[2] préparaient le repas du soir. De temps à autre quelque jeune impatient flairait les gâteaux de farine en train de cuire, et barrissait ; et les petits enfants nus des mahouts se pavanaient tout le long de la rangée en criant et commandant le silence, ou, se haussant, allongeaient une claque sur les trompes avides. Les éléphants feignaient alors d'être uniquement occupés à se déverser de la poussière sur le crâne, mais sitôt les enfants partis, se remettaient à se balancer, à tracasser et à grognonner.

[2] Cornacs.

Le couchant s'éteignait, et les éléphants oscillaient et ondulaient, tout noirs sur l'unique zone de rose rouge au bas du ciel d'un gris poudroyant. C'était au début de la saison chaude, et les troupes venaient de prendre leur tenue blanche, de sorte que les soldats Stanley Ortheris et Térence Mulvaney avaient l'air de fantômes blancs circulant parmi le crépuscule. John Learoyd s'en était allé à une autre caserne acheter un liniment au soufre pour son dernier chien soupçonné d'avoir la gale, et avait eu l'attention de mettre sa meute en quarantaine par derrière le fourneau où l'on incinère les chiens atteints d'anthrax.

— Tu n'aimerais pas avoir la gale, hein, petite dame ? dit Ortheris à ma chienne fox-terrier, en la retournant du bout du pied sur son dos blanc et dodu. Tu es joliment fière, dis donc. Qui est-ce qui a fait semblant de ne pas me voir, l'autre jour, parce qu'elle s'en retournait chez elle toute seule dans son dog-cart ? Installée sur le siège comme une sacrée petite poseuse que tu étais, Vicy. Maintenant tu cours partout et fais gueuler les *huttis*[3]. Embête-les, Vicy, vas-y !

[3] Éléphants, en hindoustani.

Les éléphants ont horreur des petits chiens. Vixen aboyait de toutes ses forces contre les piquets, et au bout d'une minute tous les éléphants ruaient, glapissaient et gloussaient avec ensemble.

— Hé là ! les militaires, dit un mahout fâché, rappelez votre chienne. Elle effarouche notre gent éléphant.

— Ils sont rigolos, ces mahouts, dit Ortheris méditatif. Ils appellent leurs bêtes des gens tout comme si c'en étaient… Et c'en sont, après tout. La chose n'est pas si drôle quand on y réfléchit.

Vixen revint en jappant, pour montrer qu'elle recommencerait si elle en avait envie, et s'installa sur les genoux d'Ortheris, en adressant un large sourire aux autres chiens propriété légitime de ce dernier, qui n'osaient pas sauter sur elle.

— Avez-vous vu la batterie ce matin ? me demanda Ortheris.

Il parlait de la batterie d'éléphants nouvelle venue ; autrement il aurait dit simplement : « les canons ». On met à chaque canon trois éléphants attelés en tandem, et ceux qui n'ont pas vu les gros quarante-livres de position sursauter à la suite de leur attelage gigantesque, ont encore quelque chose à voir. L'éléphant de tête s'était très mal conduit à l'exercice : on l'avait détaché, renvoyé à son quartier en punition, et il était à cette heure au bout de la rangée, à glapir et lancer des coups de trompe ; il représentait la mauvaise humeur aveugle et impuissante. Son mahout, se garant des coups de fléau, s'efforçait de l'apaiser.

— Voilà le copain qui a coupé à l'exercice. Il est *must*[4], dit Ortheris, le désignant. Il y aura bientôt de la casse dans les lignes, et alors peut-être qu'il s'échappera et qu'on nous enverra pour l'abattre, comme cette fois, en juin dernier, où un éléphant de roi indigène a *musté*. Espérons que ça arrivera.

[4] En hindoustani : furieux, en rut.

— Des nèfles, *must* ! dit avec pitié Mulvaney du haut de sa couche sur la pile de litière sèche. Il est simplement de fort mauvaise humeur d'avoir été maltraité. Je parierais mon fourniment qu'il n'a jamais été attelé à des canons, et que par tempérament il déteste de tirer. Demandez au mahout, monsieur.

J'interpellai le vieux mahout à barbe blanche en train de prodiguer les petits noms d'amitié à son élève sombre et l'œil injecté de sang.

— Il n'est pas *must*, répliqua l'homme avec indignation ; mais son honneur a été piqué. Un éléphant est-il un bœuf ou un mulet, qu'il doive tirer sur des traits ? Sa force est dans sa tête… paix, paix, monseigneur ! Ce n'est pas ma faute s'ils vous ont attelé ce matin… Seul un éléphant de basse caste consent à tirer un canon, et lui, c'est un *kumeria* du *Doon*[5]. Il a fallu un an et la vie d'un homme pour l'habituer au fardeau. Les gens de l'artillerie l'ont mis à l'attelage du canon parce que l'une de ces brutes mal nées s'était blessée au pied. Rien d'étonnant qu'il fût et qu'il soit encore en colère.

[5] En hindoustani : un prince de la plaine.

— Bizarre ! Extraordinairement bizarre ! dit Ortheris. Dieu, mais c'est qu'il est d'une humeur !… pensez, s'il s'échappait !

Mulvaney alla pour parler, mais se retint, et je demandai au mahout ce qui arriverait si les entraves cassaient.

— Dieu le sait, lui qui a fait les éléphants, répondit-il simplement. Dans son état actuel, il serait fort capable de vous tuer tous les trois, ou de s'enfuir au loin jusqu'à ce que sa colère se passe. Moi, il ne me tuerait pas, sauf s'il était *must*. Dans ce cas-là il me tuerait avant tout autre au monde, parce qu'il m'aime. Telle est la coutume de messieurs les éléphants ; et la coutume de nous autres mahouts l'égale en sottise. Nous nous fions chacun à notre éléphant, jusqu'au jour où il nous tue. D'autres castes se fient aux femmes, mais nous c'est à messieurs les éléphants. J'ai vu des hommes avoir affaire à des éléphants enragés, et survivre ; mais jamais homme né d'une femme n'a encore affronté Monseigneur l'éléphant dans son *must*, qui ait survécu pour raconter le domptage. Ils sont assez hardis, ceux-là qui l'affrontent quand il est en colère.

Je traduisis. Puis Térence me dit :

— Demandez à ce païen s'il a jamais vu quelqu'un dompter un éléphant… d'une façon quelconque… un blanc.

— Une fois, répondit le mahout, dans la ville de Cawnpore, j'ai vu un homme à califourchon sur une bête en *must* : un homme nu-tête, un blanc, qui la frappait sur le crâne avec un fusil. On a prétendu qu'il était possédé du démon ou ivre.

— Y a-t-il apparence, croyez-vous, qu'il l'aurait fait de sang-froid ? dit Mulvaney, après interprétation.

L'éléphant enchaîné barrit.

— Il n'y a qu'un homme sur la terre qui serait n. d. D. assez idiot pour faire un coup de ce genre !… dit Ortheris. Comment cela s'est-il passé, Mulvaney ?

— Comme dit le négro, à Cawnpore ; et l'idiot c'était moi… au temps de ma jeunesse. Mais c'est arrivé de façon aussi naturelle qu'une chose en amène une autre… moi et l'éléphant, et l'éléphant et moi ; et la lutte entre nous a été encore plus naturelle.

— Cela ne pouvait pas être autrement, dit Ortheris. Mais tu devais être encore plus plein que d'habitude. Je connais déjà un drôle de tour que tu as fait avec un éléphant, pourquoi ne nous as-tu jamais parlé de l'autre ?

— Parce que, si tu n'avais pas entendu ce que ce négro-ci vient de nous raconter de lui-même, tu m'aurais traité de menteur, Stanley mon fils, et ç'aurait été mon devoir et ma joie de t'administrer la plus mémorable des cinglées ! Il n'y a qu'un défaut en toi, petit homme, et c'est de croire que tu sais tout ce qui existe au monde, et un peu davantage. C'est là un défaut qui a nui à quelques officiers sous lesquels j'ai servi, sans parler de tous les civils, sauf deux, dont j'ai essayé de faire des soldats.

— Hé ! dit Ortheris, hérissé, et qui étaient tes deux fichus petits Sir Garnet[6], hein ?

[6] Allusion au maréchal Sir Garnet Wolseley, qui était sorti du rang.

— L'un était moi-même, dit Mulvaney avec un sourire que l'obscurité ne put dissimuler ; et… vu qu'il n'est pas ici il n'y a pas de mal à parler de lui… l'autre était Jock.

— Jock n'est rien qu'une meule de foin en pantalon. C'est du moins à l'instar d'une meule de foin qu'il se comporte, et il est incapable d'en atteindre une à cent mètres ; il est né sur une, et je crains bien qu'il ne meure sur une autre, faute de savoir demander ce qu'il lui faut en un langage chrétien, lâcha

Ortheris, qui ne se leva d'un bond de dessus la litière empilée que pour se voir étaler d'un croc-en-jambe.

Vixen lui sauta sur le ventre, où les autres chiens la suivirent et s'installèrent également.

— Je sais à quoi Jock ressemble, dis-je. Mais je veux entendre l'histoire de l'éléphant.

— C'est encore un des sacrés installages de Mulvaney, dit Ortheris, qui haletait sous le poids des chiens. Lui et Jock, il n'y a qu'eux deux dans toute la sacrée armée britannique ! La prochaine fois, tu diras que vous avez gagné la bataille de Waterloo, toi et Jock. Eh ! va donc !

Ni Mulvaney ni moi ne crûmes bon de nous occuper d'Ortheris. Le gros éléphant à canon s'agitait et grognait dans ses liens, lançant par intervalles d'éclatants coups de trompette. C'est avec cet accompagnement que Térence continua :

— Pour commencer, étant donné mon caractère, il se produisit un malentendu avec mon sergent d'alors. Il me prit en grippe pour divers motifs…

Ses yeux renfoncés clignèrent par-dessus le brasillement de son fourneau de pipe, et Ortheris grommela :

— Encore un cotillon !

— Pour divers motifs combinés. Enfin bref, un après-midi que j'arrangeais mes accroche-cœurs avant de partir me promener, il arrive à la caserne, et me traite de gros babouin (ce que je n'étais pas) et d'assommant individu (ce que j'étais) et m'ordonne de partir en corvée sur-le-champ pour aider à enlever des tentes, quatorze, qui provenaient des camps de repos. Là-dessus, moi, qui tenais à ma balade…

— Ah ! entendit-on prononcer de dessous l'amas des chiens. C'est un Mormon, Vic. Méfie-toi de lui, ma petite chienne.

— … tenais à ma balade, je lui réponds quelques petites choses qui me viennent à l'esprit, et de fil en aiguille et tout en parlant, je trouve le temps de lui cogner le nez si bien que de huit jours aucune femme ne verrait plus en lui un Apollon. C'était un beau grand nez, et qui profita bien de mon petit bouchonnement. Après quoi, je fus si réjoui de mon habileté que je ne levai même pas le poing sur les hommes de garde qui vinrent pour me mener à la boîte. Un enfant m'aurait conduit, car je me rendais compte que le nez de ce brave Kearney était fichu. Cet été-là, notre vieux régiment ne se servait pas de sa boîte à lui, parce que le choléra régnait par là comme la moisissure sur des bottes humides, et c'eût été criminel d'y enfermer quelqu'un. Nous avions emprunté la boîte appartenant aux Bons Chrétiens (le régiment qui n'avait jamais encore fait campagne) et cette boîte était située à une affaire de quinze cents mètres de distance au delà de deux esplanades et de la grand'route par où toutes les dames de Cawnpore s'en allaient tout justement pour faire leur tour de voiture de l'après-midi. Je m'avançai donc dans la meilleure des sociétés, précédé de mon ombre mouvante et des hommes de garde aussi graves que stupides, les menottes aux poignets, et le cœur plein de joie de me figurer le pro… pro… proboscide de Kearney dans un pansement.

« Au milieu de tout ça je vois un officier d'artillerie en bel uniforme qui dévalait ventre à terre la route, la bouche ouverte. Il jeta sur les dog-carts et la société distinguée des yeux égarés de détresse, et plongea comme un lapin dans un conduit d'écoulement placé au bord de la route.

« — Les gars, que je dis, ce chef est saoul. C'est scandaleux. Emmenons-le aussi à la boîte.

« Le caporal de l'escouade bondit vers moi, défit mes menottes et me dit :

« — S'il faut se sauver, vas-y d'action. Sinon, je m'en remets à ton honneur. En tout cas, viens à la boîte dès que tu pourras.

« Et je le vois qui s'encourt d'un côté, tout en fourrant les menottes dans sa poche, car c'était la propriété du gouvernement ; et les hommes de garde s'encourent de l'autre, et tous les dog-carts galopent dans toutes les directions, et me voilà tout seul en présence de la poche rouge d'une bouche d'éléphant de douze mètres de hauteur au garrot, trois mètres de large, avec des défenses longues comme la colonne d'Ochterlony. C'est ainsi du moins qu'il m'apparut d'abord. Il n'était peut-être pas tout à fait aussi formidable ni tout à fait aussi grand, mais je ne m'arrêtai pas à planter des jalons. Sainte Mère du Ciel ! ce que je détalai sur la route ! La bête se mit à explorer le conduit avec l'officier d'artillerie dedans ; et ce fut mon salut. Je trébuchai sur un des mousquetons dont s'étaient débarrassés les hommes de garde (des bandits sans esprit militaire) et en me relevant je faisais face de l'autre côté. L'éléphant cherchait après l'officier d'artillerie. Je vois encore son gros dos rond. A part qu'il ne fouit pas, il se comporta exactement comme cette petite Vixen-ci devant un trou de rat. Il mit sa tête à ras de terre (ma parole, il se tenait quasi dessus) pour regarder dans le conduit ; après quoi il grogna, et s'encourut à l'autre bout pour voir si l'officier n'était pas sorti par la porte de derrière ; puis il fourra sa trompe dans le tuyau, d'où il la retira pleine de boue ; et de souffler la boue au loin, et de grogner, et de jurer ! Ma parole, il invoqua toutes les malédictions du ciel sur cet officier ; mais ce qu'un éléphant de l'intendance pouvait avoir affaire avec un officier d'artillerie, cela me dépassait. Comme je n'avais nulle part à aller si ce n'est à la boîte, je restai sur la route avec le flingot, un snider sans munitions, à philosopher sur l'arrière-train de l'animal. Tout autour de moi, à des lieues et des lieues, c'était un désert plein de vociférations, car chaque être humain à deux jambes, ou à quatre pour la circonstance, s'était dissimulé, et ce vieux paillard se tenait sur sa tête à tracasser et à grogner sur le conduit, la queue dressée au ciel et s'efforçant de trompeter avec sa trompe bourrée sur trois pieds de long de balayures de la route. Vingt dieux ! c'était fâcheux à voir !

« Après quoi il m'aperçut seul debout dans tout le vaste monde, appuyé sur le flingot. Il en fut déconcerté, car il s'imagina que j'étais l'officier d'artillerie sorti à son insu. Il regarda le conduit entre ses pieds, puis il me regarda, et je me dis : « Térence mon fils, tu as trop longtemps contemplé cette arche de Noé. Sauve qui peut ! » Dieu sait que j'aurais voulu lui dire que je n'étais qu'un pauvre simple soldat en route pour la boîte, et pas du tout, du tout un officier ; mais il mit ses oreilles en avant de sa grosse tête, et je reculai sur la route en serrant le flingot : j'avais le dos aussi froid qu'une pierre tombale, et le fond de ma culotte, par où j'étais sûr qu'il m'attraperait, frémissait d'une appréhension irritante.

« J'aurais pu courir jusqu'à extinction, parce que j'étais entre les deux lignes droites de la route, et qu'un homme seul, aussi bien que mille, se conduit comme un troupeau en ce qu'il reste entre des limites tracées à droite et à gauche.

— De même les canaris, dit Ortheris invisible dans les ténèbres. On trace une ligne sur une fichue petite planchette, on met dessus leur fichu petit bec ; ils y restent pour l'éternité, amen. J'ai vu tout un régiment, je l'ai vu, marcher tels des crabes en longeant le bord d'un fossé d'irrigation de soixante centimètres, au lieu de s'aviser de le sauter. Les hommes, c'est des moutons… des fichus moutons. Continue.

— Mais je vis son ombre du coin de l'œil, continua l'homme aux aventures, et je me dis : « Vire, Térence, vire ! » Et je virai. Vrai, je crus entendre les étincelles jaillir sous mes talons ; et je m'enfilai dans le plus proche compound[7], ne fis qu'un bond de la porte à la véranda de la maison, et tombai sur une ribambelle de négros, en sus d'un garçon demi-caste à un pupitre, qui tous fabriquaient des harnais. C'était l'Emporium de voitures Antonio à Cawnpore. Vous connaissez, monsieur ?

[7] Enceinte d'une habitation.

« Mon vieux mammouth avait dû virer de front avec moi, car je n'étais pas encore dans la boutique, que sa trompe vint claquer dans la véranda tel un ceinturon dans une rixe de chambrée. Les négros et le garçon demi-caste se mirent à hurler et s'enfuirent par la porte de derrière, et je restai seul comme la femme de Loth, au milieu des harnais. Ça donne rudement soif, les harnais, à cause de l'odeur.

« J'allai dans la pièce du fond, sans que personne m'y invitât, et trouvai une bouteille de whisky et une gargoulette d'eau. Le premier et le second verre ne me firent aucun effet, mais le quatrième et le cinquième agirent sur moi comme il faut, et m'inspirèrent du dédain pour les éléphants. « Térence, que je me dis, pour manœuvrer, occupe le terrain supérieur ; et tu arriveras bien à être général », que je me dis. Et là-dessus je montai sur le toit plat en terre et risquai un œil par-dessus le parapet, avec précaution. Dans le compound, mon vieux ventre-en-tonneau faisait les cent pas, cueillant un brin d'herbe par-ci et un roseau par-là, on aurait dit tout à fait notre colonel d'à présent quand sa femme lui a rabattu le caquet et qu'il se balade pour passer sa colère. Il me tournait le dos, et au même instant je lâchai un hoquet. Il s'arrêta court, une oreille en avant, comme une vieille dame avec un cornet acoustique, et sa trompe allongée comme une gaffe tendue. Puis il agita l'oreille en disant : « En croirai-je mes sens ? » aussi net que de l'imprimé, et il recommence à se balader. Vous connaissez le compound d'Antonio ? Il était aussi plein alors que maintenant de carrioles neuves et vieilles, de carrioles d'occasion et de carrioles à louer… landaus, barouches, coupés et bagnoles de tout genre. Alors je lâchai un nouveau hoquet et il se mit à examiner le sol au-dessous de lui, en faisant vibrer sa queue, d'irritation. Puis il plaqua sa trompe autour du brancard d'une bagnole et la tira à l'écart d'un air circonspect et pensif. « Il n'est pas là », qu'il se dit en fouillant dans les coussins avec sa trompe. Alors j'eus un nouveau hoquet, sur quoi il perdit patience pour tout de bon, à l'instar de celui-ci dans les lignes.

L'éléphant à canon lançait coup sur coup des trompettements indignés, au scandale des autres animaux qui avaient fini de manger et souhaitaient dormir. Dans l'intervalle des clameurs on l'entendait tirailler sans cesse sur l'anneau de son pied.

— Comme je disais, reprit Mulvaney, il se conduisit ignoblement. Convaincu que j'étais caché là tout près, il décocha son pied de devant comme un marteau-pilon, et cette bagnole s'en retourna parmi les autres voitures, tel un canon de campagne qui recule. Puis il l'attira de nouveau à lui et la secoua, ce qui bien entendu la mit en petits morceaux. Après quoi ce fut la folie complète, et trépignant, aliéné, il démolit des quatre pieds tout le stock d'Antonio pour la saison. Il ruait, il s'écartelait, il piétinait, il pilait le tout ensemble, et sa grosse tête chauve brimbalait de haut en bas, grave comme un rigodon. Il attrapa un coupé tout flambant neuf, et le projeta dans un coin, où l'objet s'ouvrit comme un lis qui s'épanouit, et il s'empêtra bêtement un pied dans les débris, tandis qu'une roue tournoyait sur sa défense. Là-dessus il se fâcha, et en fin de compte il s'assit en vrac parmi les voitures, qui le hérissèrent de leurs esquilles, si bien qu'on eût dit une pelote à épingles bondissante. Au milieu de ce fracas, alors que les carrioles grimpaient l'une par-dessus l'autre, ricochaient sur les murs de terre et déployaient leur agilité, tandis qu'il leur arrachait les roues, j'entendis sur les toits un bruit de lamentations désespérées. C'était la firme et la famille d'Antonio qui nous maudissaient, lui et moi, du toit de la maison voisine, moi parce que je m'étais réfugié chez eux, et lui parce qu'il exécutait un pas de danse avec les voitures de l'aristocratie.

« — Distrayez son attention ! me dit Antonio, lequel en superbe gilet blanc, trépignait sur le toit. Distrayez son attention, qu'il dit, ou je vous attaque en justice.

« Et toute la famille de me crier :

« — Donnez-lui un coup de pied, monsieur le militaire.

« — Il se distrait bien de lui-même, que je réponds.

« C'était risquer sa vie que de descendre dans la cour. Mais pour faire preuve de bonne volonté, je jetai la bouteille de whisky (elle n'était pas pleine à mon arrivée) sur l'animal. Il se détourna de ce qui restait de la dernière carriole et fourra sa tête dans la véranda, à moins d'un mètre sous moi. Je ne sais si ce fut son dos qui me tenta, ou si ce fut l'effet du whisky. En tout cas, lorsque je repris conscience de moi, je me vis les mains pleines de boue et de mortier, à quatre pattes sur son dos, et mon snider en train de glisser sur la déclivité de sa tête. Je le rattrapai, et, me débattant sur son garrot, enfonçai mes genoux sous les grandes oreilles battantes ; puis, avec un barrit qui me retentit le long du dos et dans le ventre, nous sortîmes triomphalement du compound. Alors je m'avisai du snider, l'empoignai par le canon, et cognai l'éléphant sur la tête. C'était absolument vain… comme de battre le pont d'un transport de troupes avec une canne pour faire arrêter les machines parce qu'on a le mal de mer. Mais je persévérai jusqu'à en suer, si bien qu'à la fin, après n'y avoir fait aucune attention, il commença à grogner. Je tapai de toutes les forces que je possédais en ce temps-là, et il se peut que ça l'ait incommodé. A soixante kilomètres à l'heure nous retournâmes au terrain d'exercices, en trompettant avec ostentation. Je ne cessai pas une minute de le marteler : c'était afin de le détourner de courir sous les arbres et de me racler de son dos comme un cataplasme. Le champ de manœuvre comme la route était entièrement désert, mais les hommes de troupe étaient sur les toits des casernes, et dans les intervalles des grognements de mon vieux Transbordeur et des miens (car mon cassage de cailloux m'avait donné du ton) je les entendais applaudir et acclamer. Il se troubla de plus en plus, et se mit à courir en cercle.

« Pardieu, Térence, que je me dis en moi-même, il y a des limites à tout. Tu m'as bien l'air de lui avoir fêlé le crâne, et quand tu sortiras de la boîte, on te mettra en prévention, pour avoir tué un éléphant du gouvernement. »

« Là-dessus je le caressai.

— Comment diantre as-tu pu faire ? interrompit Ortheris. Autant vaudrait flatter une barrique.

— J'ai essayé de toutes sortes d'épithètes aimables, mais comme j'étais un peu plus qu'ému, je ne savais plus comment m'adresser à lui. « Bon Chien-chien », que je disais, « Joli minet », ou encore : « Brave jument » ; et là-dessus, pour achever de l'amadouer, je lui allongeai un coup de crosse et il se tint tranquille au milieu des casernes.

« — Qui est-ce qui va m'enlever de dessus ce volcan meurtrier ? que je demande à pleine voix.

« Et j'entends un homme qui hurle :

« — Tiens bon, confiance et patience, voilà les autres éléphants qui arrivent.

« — Sainte Mère de Grâce ! que je dis, vais-je devoir monter à cru toute l'écurie ? Venez me mettre à bas, tas de capons !

« Alors une paire d'éléphants femelles accompagnés de mahouts et d'un sergent de l'intendance débouchent en tapinois du coin des casernes ; et les mahouts d'injurier la mère et toute la famille de notre vieux Putiphar.

« — Vois mes renforts, que je lui dis. Ils vont t'emmener à la boîte, mon fils.

« Et cet enfant de la calamité mit ses oreilles en avant et dressa la tête vers ces femelles. Son cran, après la symphonie que je lui avais jouée sur la boîte crânienne, m'alla au cœur. « Je suis moi-même en disgrâce, que je lui dis, mais je ferai pour toi ce que je pourrai. Veux-tu aller à la boîte comme un brave, ou résister comme un imbécile contre toute chance ? » Là-dessus je lui flanque un dernier gnon sur la tête, et il pousse un formidable grognement et laisse retomber sa trompe. « Réfléchis », que je lui dis, et : « Halte ! » que je dis aux mahouts. Ils ne demandaient pas mieux. Je sentais sous moi méditer le vieux réprouvé. A la fin il tend sa trompe toute droite et pousse un son de cor des plus mélancoliques (ce qui équivaut chez l'éléphant à un soupir). Je compris par là qu'il hissait pavillon blanc et qu'il ne restait plus qu'à ménager ses sentiments.

« — Il est vaincu, que je dis. Alignez-vous à droite et à gauche de lui. Nous irons à la boîte sans résistance.

« Le sergent de l'intendance me dit, du haut de son éléphant :

« — Êtes-vous un homme ou un prodige ? qu'il dit.

« — Je suis entre les deux, que je dis, en essayant de me redresser. Et qu'est-ce qui peut bien, que je dis, avoir mis cet animal dans un état aussi scandaleux ? que je dis, la crosse du mousqueton élégamment posée sur ma hanche et la main gauche rabattue comme il sied à un troupier.

« Pendant tout ce temps nous déboulions sous escorte vers les lignes des éléphants.

« — Je n'étais pas dans les lignes quand le raffut a commencé, que me dit le sergent. On l'a emmené pour transporter des tentes et autres choses analogues et pour l'atteler à un canon. Je savais bien que ça ne lui plairait pas, mais en fait ça lui a déchiré le cœur.

« — Bah, ce qui est de la nourriture pour l'un est du poison pour l'autre, que je dis. C'est d'avoir été mis à transporter des tentes qui m'a perdu moi aussi.

« Et mon cœur s'attendrit sur le vieux Double-Queue parce qu'on l'avait également mal traité.

« — A présent nous allons le serrer de près, que dit le sergent, une fois arrivés aux lignes des éléphants.

« Tous les mahouts et leurs gosses étaient autour des piquets, maudissant mon coursier à les entendre d'une demi-lieue.

« — Sautez sur le dos de mon éléphant, qu'il me dit. Il va y avoir du grabuge.

« — Écartez tous ces gueulards, que je dis, ou sinon il va les piétiner à mort. (Je sentais que ses oreilles commençaient à frémir.) Et débarrassez-nous le plancher, vous et vos immorales éléphantes. Je vais descendre ici. Malgré son long nez de Juif, c'est un Irlandais, que je dis, et il faut le traiter comme un Irlandais.

« — Êtes-vous fatigué de vivre ? que me dit le sergent.

« — Pas du tout, que je dis ; mais il faut que l'un de nous deux soit vainqueur, et j'ai idée que ce sera moi. Reculez, que je dis.

« Les deux éléphants s'éloignèrent, et Smith O'Brien s'arrêta net devant ses propres piquets.

« — A bas, que je dis, en lui allongeant un gnon sur la tête.

« Et il se coucha, une épaule après l'autre, comme un glissement de terrain qui dévale après la pluie.

« — Maintenant, que je dis en me laissant aller à bas de son nez et courant me mettre devant lui, tu vas voir celui qui vaut mieux que toi.

« Il avait abaissé sa grosse tête entre ses grosses pattes de devant, qui étaient croisées comme celles d'un petit chat. Il avait l'air de l'innocence et de la désolation personnifiées, et par parenthèse sa grosse lèvre inférieure poilue tremblotait et il clignait des yeux pour se retenir de pleurer.

« — Pour l'amour de Dieu, que je dis, oubliant tout à fait que ce n'était qu'une bête brute, ne le prends pas ainsi à cœur ! Du calme, calme-toi, que je dis. (Et tout en parlant je lui caressai la joue et l'entre-deux des yeux et le bout de la trompe.) Maintenant, que je dis, je vais bien t'arranger pour la nuit. Envoyez-moi ici un ou deux enfants, que je dis au sergent qui s'attendait à me voir trucider. Il s'insurgerait à la vue d'un homme.

— Tu étais devenu sacrément malin tout d'un coup, dit Ortheris. Comment as-tu fait pour connaître si vite ses petites manies ?

— Parce que, reprit Térence avec importance, parce que j'avais dompté le copain, mon fils.

— Ho ! fit Ortheris, partagé entre le doute et l'ironie. Continue.

— L'enfant de son mahout et deux ou trois autres gosses des lignes accoururent, pas effrayés pour un sou : l'un d'eux m'apporta de l'eau, avec laquelle je lavai le dessus de son pauvre crâne meurtri (pardieu ! je lui en avais fait voir) tandis qu'un autre extrayait de son cuir les fragments des carrioles, et nous le raclâmes et le manipulâmes tout entier et nous lui mîmes sur la tête un gigantesque cataplasme de feuilles de *nîm*[8] (les mêmes qu'on applique sur les écorchures des chevaux) et il avait l'air d'un bonnet de nuit, et nous entassâmes devant lui un tas de jeunes cannes à sucre et il se mit à piquer dedans.

[8] Nom d'une plante de l'Inde.

« — Maintenant, que je dis en m'asseyant sur sa patte de devant, nous allons boire un coup et nous ficher du reste.

« J'envoyai un négrillon chercher un quart d'arack[9], et la femme du sergent m'envoya quatre doigts de whisky, et quand la liqueur arriva je vis au clin d'œil du vieux Typhon qu'il s'y connaissait aussi bien que moi… que moi, songez ! Il avala donc son quart comme un chrétien, après quoi je lui passai les entraves, l'enchaînai au piquet par devant et par derrière, lui donnai ma bénédiction et m'en retournai à la caserne.

[9] Eau-de-vie de riz.

Mulvaney se tut.

— Et après ? demandai-je.

— Vous le devinez, reprit Mulvaney. Il y eut confusion, et le colonel me donna dix roupies, et le commandant m'en donna cinq, et le capitaine de la compagnie m'en donna cinq, et les hommes me portèrent en triomphe autour de la caserne.

— Tu es allé à la boîte ? demanda Ortheris.

— Je n'ai plus jamais entendu parler de mon malentendu avec le pif de Kearney, si c'est cela que tu veux dire ; mais cette nuit-là plusieurs des gars furent emmenés d'urgence à l'ousteau des Bons Chrétiens. On ne peut guère leur en faire un reproche : ils avaient eu pour vingt roupies de consommations. J'allai me coucher et cuvai les miennes, car j'étais vanné à fond comme le collègue qui reposait à cette heure dans les lignes. Ce n'est pas rien que d'aller à cheval sur des éléphants.

« Par la suite je devins très copain avec le vénérable Père du Péché. J'allais souvent à ses lignes quand j'étais consigné et passais l'après-midi à causer avec lui : nous mâchions chacun notre bout de canne à sucre, amis comme cochons. Il me sortait tout ce que j'avais dans mes poches et l'y remettait ensuite, et de temps à autre je lui portais de la bière pour sa digestion, et je lui faisais des recommandations de bonne conduite, et de ne pas se faire porter sur le registre des punitions. Après cela il suivit l'armée, et c'est ainsi que ça se passe dès qu'on a trouvé un bon copain.

— Alors vous ne l'avez jamais revu ? demandai-je.

— Croyez-vous la première moitié de l'histoire ? fit Térence.

— J'attendrai que Learoyd soit de retour, répondis-je évasivement.

Excepté quand il est soigneusement endoctriné par les deux autres et que l'intérêt financier immédiat l'y pousse, l'homme du Yorkshire[10] ne raconte pas de mensonges ; mais je savais Térence pourvu d'une imagination dévergondée.

[10] Learoyd.

— Il y a encore une autre partie, dit Mulvaney. Ortheris en était, de celle-là.

— Alors je croirai le tout, répondis-je.

Ce n'était pas confiance spéciale en la parole d'Ortheris, mais désir d'apprendre la suite. Alors que nous venions de faire connaissance, Ortheris m'avait volé un chiot, et tandis même que la bestiole reniflait sous sa capote, il niait non seulement le vol, mais qu'il se fût jamais intéressé aux chiens.

— C'était au début de la guerre d'Afghanistan, commença Mulvaney, des années après que les hommes qui m'avaient vu jouer ce tour à l'éléphant furent morts ou retournés au pays. J'avais fini par n'en plus parler… parce que je ne me soucie pas de casser la figure à tous ceux qui me traitent de menteur. Dès le début de la campagne, je tombai malade comme un idiot. J'avais une écorchure au pied, mais je m'étais obstiné à rester avec le régiment, et autres bêtises semblables. Je finis donc par avoir un trou au talon que vous auriez pu y faire entrer un piquet de tente. Parole, combien de fois j'ai rabâché cela aux bleus depuis, comme un avertissement pour eux de surveiller leurs pieds ! Notre major, qui connaissait notre affaire aussi bien que la sienne, voilà qu'il me dit, c'était au milieu de la passe du Tangi :

« — Voilà de la sacrée négligence pure, qu'il dit. Combien de fois vous ai-je répété qu'un fantassin ne vaut que par ses pieds… ses pieds… ses pieds ! qu'il dit. Maintenant vous voilà à l'hôpital, qu'il dit, pour trois semaines, une source de dépenses pour votre Reine et un fardeau pour votre pays. La prochaine fois, qu'il dit, peut-être que vous mettrez dans vos chaussettes un peu du whisky que vous vous entonnez dans le gosier, qu'il dit.

« Parole, c'était un homme juste. Dès que nous fûmes en haut du Tangi, je m'en allai à l'hôpital, boitillant sur un pied, hors de moi de dépit. C'était un hôpital de campagne (tout mouches et pharmaciens indigènes et liniment) tombé, pour ainsi dire, tout près du sommet du Tangi. Les hommes de garde à l'hôpital rageaient follement contre nous autres malades qui les retenions là, et nous ragions follement d'y être gardés ; et par le Tangi, jour et nuit et nuit et jour, le piétinement des chevaux et les canons et l'intendance et les tentes et le train des brigades se déversaient comme un moulin à café. Par vingtaines les doolies[11] arrivaient par là en se balançant et montaient la pente avec leurs malades jusqu'à l'hôpital où je restais couché au lit à soigner mon talon, et à entendre emporter les hommes. Je me souviens qu'une nuit (à l'époque où la fièvre s'empara de moi) un homme arriva en titubant parmi les tentes et dit : « Y a-t-il de la place ici pour mourir ? Il n'y en a pas avec les colonnes. » Et là-dessus il tombe mort en travers d'une couchette, et l'homme qui était dedans commence à rouspéter de devoir mourir tout seul dans la poussière sous un cadavre. Alors la fièvre me donna sans doute le délire, car pendant huit jours je priai les saints d'arrêter le bruit des colonnes qui défilaient par le Tangi. C'étaient surtout les roues de canons qui me laminaient la tête. Vous savez ce que c'est quand on a la fièvre ?

[11] Civières.

Nous acquiesçâmes : tout commentaire était superflu.

— Les roues de canons et les pas et les gens qui braillaient, mais surtout les roues de canons. Durant ces huit jours-là il n'y eut plus pour moi ni nuit ni jour. Au matin on relevait les moustiquaires, et nous autres malades nous pouvions regarder la passe et contempler ce qui allait venir ensuite. Cavaliers, fantassins, artilleurs, ils ne manquaient pas de nous laisser un ou deux malades par qui nous avions les nouvelles. Un matin, quand la fièvre m'eut quitté, je considérai le Tangi, et c'était tout comme l'image qu'il y a sur le revers de la médaille d'Afghanistan : hommes, éléphants et canons qui sortent d'un égout un par un, en rampant.

— C'était un égout, dit Ortheris avec conviction. J'ai quitté les rangs par deux fois, pris de nausées, au Tangi, et pour me retourner les tripes il faut tout autre chose que de la violette.

— Au bout, la passe faisait un coude, en sorte que chaque chose débouchait brusquement, et à l'entrée, sur un ravin, on avait construit un pont militaire (avec de la boue et des mulets crevés). Je restai à compter les éléphants (les éléphants d'artillerie) qui tâtaient le pont avec leurs trompes et se dandinaient d'un air sagace. La tête du cinquième éléphant apparut au tournant, et il projeta sa trompe en l'air, et il lança un barrit, et il resta là à l'entrée du Tangi comme un bouchon dans une bouteille. « Ma foi, que je pense en moi-même, il ne veut pas se fier au pont ; il va y avoir du grabuge. »

— Du grabuge ! Mon Dieu ! dit Ortheris. Térence, j'étais, moi, jusqu'au cou dans la poussière derrière ce sacré *hutti*. Du grabuge !

— Raconte, alors, petit homme ; je n'ai vu ça que du côté hôpital.

Et tandis que Mulvaney secouait le culot de sa pipe, Ortheris se débarrassa des chiens, et continua :

— Nous étions trois compagnies escortant ces canons, avec Dewcy pour commandant, et nous avions ordre de refouler jusqu'au haut du Tangi tout ce que nous rencontrerions par là et de le balayer de l'autre côté. Une sorte de pique-nique au pistolet de bois, vous voyez ? Nous avions poussé un tas de flemmards du train indigène et quelques ravitaillements de l'intendance qui semblaient devoir bivouaquer à tout jamais, et toutes les balayures d'une demi-douzaine de catégories qui auraient dû être sur le front depuis des semaines, et Dewcy nous disait :

« — Vous êtes les plus navrants des balais[12], qu'il dit. Pour l'amour du Ciel, qu'il dit, faites-nous à présent un peu de balayage.

[12] *Sweeps*. Injure courante. Si ce n'était pour conserver le jeu de mots, on pourrait traduire : « Ballots. »

« Nous balayâmes donc… miséricorde, comme nous balayâmes tout cela ! Il y avait derrière nous un régiment au complet, dont tous les hommes étaient très désireux d'avancer : voilà qu'ils nous envoient les compliments de leur colonel, en demandant pourquoi diable nous bouchions le chemin, s. v. p. ! Oh ! ils étaient tout à fait polis. Dewcy le fut également. Il leur renvoya la monnaie de leur pièce, et il nous flanqua un suif que nous transmîmes aux artilleurs, qui le repassèrent à l'intendance, et l'intendance en flanqua un de première classe au train indigène, et l'on avança de nouveau jusqu'au moment où l'on fut bloqué et où toute la passe retentit d'alleluias sur une longueur de trois kilomètres. Nous n'avions pas de patience, ni de sièges pour asseoir nos culottes, et nous avions fourré nos capotes et nos fusils dans les voitures, si bien qu'à tout moment nous aurions pu être taillés en pièces, tandis que nous faisions un travail de meneurs de bestiaux. C'était vraiment ça : de meneurs de bestiaux sur la route d'Islington !

« J'étais tout près de la tête de la colonne quand nous vîmes devant nous l'entrée du défilé du Tangi.

Je dis :

« — La porte du théâtre est ouverte, les gars. Qui est-ce qui veut arriver le premier au poulailler ? que je dis.

« Alors je vois Dewcy qui se visse dans l'œil son sacré monocle et qui regarde droit en avant.

« — Il en a un culot, ce bougre-là ! qu'il dit.

« Et le train de derrière de ce sacré vieux *hutti* luisait dans la poussière comme une nouvelle lune en toile goudronnée. Alors nous fîmes halte, tous serrés à bloc, l'un par-dessus l'autre, et voilà que juste derrière les canons s'amènent un tas d'idiots de chameaux rigolards qui appartenaient à l'intendance… ils s'amènent comme s'ils étaient au jardin zoologique, en bousculant nos hommes effroyablement. Il y avait une poussière telle qu'on ne voyait plus sa main ; et plus nous leur tapions sur la tête plus les conducteurs criaient : « *Accha ! accha*[13] *!* » et par Dieu c'était « et là » avant de savoir où on en était. Et ce train de derrière de *hutti* tenait bon et ferme dans la passe et personne ne savait pourquoi.

[13] Hé là !

« La première chose que nous avions à faire était de refouler ces sacrés chameaux. Je ne voulais pas être bouffé par *unt*[14]-taureau : c'est pourquoi, retenant ma culotte d'une main, debout sur un rocher, je tapai avec mon ceinturon sur chaque naseau que je voyais surgir au-dessous de moi. Alors les chameaux battirent en retraite, et on fut obligé de lutter pour empêcher l'arrière-garde et le train indigène de leur rentrer dedans ; et l'arrière-garde fut obligée d'envoyer avertir l'autre régiment, au pied du Tangi, que nous étions bloqués. J'entendais en avant les mahouts gueuler que le *hutti* refusait de passer le pont ; et je voyais Dewcy se trémousser dans la poussière comme une larve de moustique dans une citerne. Alors nos compagnies, fatiguées d'attendre, commencèrent à marquer le pas, et je ne sais quel maboul entonna : « Tommy, fais place à ton oncle. » Après ça, il n'y eut plus moyen ni de voir ni de respirer ni d'entendre ; et nous restâmes là à chanter, crénom, des sérénades au derrière d'un éléphant qui se fichait de la musique. Je chantais aussi, je ne pouvais pas faire autrement. En avant, on renforçait le pont, tout cela pour faire plaisir au *hutti*. A un moment, un officier m'attrape à la gorge, ce qui me coupe le sifflet. Alors j'attrape à la gorge le premier homme venu, ce qui lui coupa aussi le sifflet.

[14] En hindoustani : chameau.

« — Quelle différence y a-t-il entre être étranglé par un officier et être frappé par lui ? demandai-je, au souvenir d'une petite aventure dans laquelle Ortheris avait eu son honneur outragé par son lieutenant.

« — L'un, crénom, est une plaisanterie, et l'autre, crénom, une insulte, répondit Ortheris. De plus nous étions de service, et peu importe ce que fait alors un officier, aussi longtemps qu'il nous procure nos rations et ne nous procure pas d'éreintement exagéré. Après cela nous nous tînmes tranquilles, et j'entendis Dewcy menacer de nous faire tous passer en conseil de guerre dès que nous serions sortis du Tangi. Alors nous poussâmes trois vivats pour le pont ; mais le *hutti* refusait toujours de bouger d'un cran. Il était buté. On l'acclama de nouveau, et Kite Dawson, qui faisait le compère à toutes nos revues de caf'conc' (il est mort pendant le retour) se met à faire une conférence à un nègre sur les trains de derrière d'éléphants. Pendant une minute Dewcy essaya de se contenir, mais, Seigneur ! c'était chose impossible, tant Kite faisait le jocrisse, demandant si on ne lui permettrait pas de louer une villa dans le Tangi pour élever ses petits orphelins, puisqu'il ne pouvait plus retourner au pays. Survient alors un officier (à cheval d'ailleurs, l'imbécile) du régiment de l'arrière, apportant quelques autres jolis compliments de son colonel, et demandant ce que signifiait cet arrêt, s. v. p. Nous lui chantâmes : « On se flanque aussi une fichue trépignée en bas des escaliers », tant et si bien que son cheval s'emporta, et alors nous lui lançâmes trois vivats, et Kite Dawson proclama qu'il allait écrire au *Times* pour se plaindre du déplorable état des routes dans l'Afghanistan. Le train de derrière du *hutti* bouchait toujours la passe. A la fin un des mahouts vient trouver Dewcy et lui dit quelque chose.

« — Eh Dieu ! répond Dewcy, je ne connais pas le carnet d'adresses du bougre ! Je lui donne encore dix minutes et puis je le fais abattre.

« Les choses commençaient à sentir joliment mauvais dans le Tangi, aussi nous écoutions tous.

« — Il veut à toute force voir un de ses amis, dit tout haut Dewcy aux hommes.

« Et s'épongeant le front il s'assit sur un affût de canon.

« Je vous laisse à imaginer quelles clameurs poussa le régiment. On criait :

« — C'est parfait ! Trois vivats pour l'ami de M. Dugrospétard. Pourquoi ne l'as-tu pas dit tout de suite ? Prévenez la femme du vieux Hochequeue, et ainsi de suite.

« Il y en avait quelques-uns qui ne riaient pas. Ils prenaient au sérieux cette histoire de présentation, car ils connaissaient les éléphants. Alors nous nous élançâmes tous en avant par-dessus les canons et au travers des pattes d'éléphants (Dieu ! je m'étonne que la moitié des compagnies n'aient pas été broyées) et la première chose que je vis ce fut Térence ici présent, avec une mine de papier mâché, qui descendait la pente en compagnie d'un sergent.

« — Vrai, que je dis, j'aurais dû me douter qu'il était mêlé à une pareille histoire de brigands, que je dis… » Maintenant, raconte ce qui est arrivé de ton côté.

« — J'étais en suspens tout comme toi, petit homme, écoutant les bruits et les gars qui chantaient. Puis j'entends chuchoter, et le major qui dit :

« — Laissez-nous tranquilles, à réveiller mes malades avec vos blagues d'éléphants.

« Et quelqu'un d'autre réplique tout en colère :

« — C'est une blague qui arrête deux mille hommes dans le Tangi. Ce fils du péché de sac à foin d'éléphant dit, ou du moins les mahouts disent pour lui, qu'il veut voir un ami, et qu'il ne lèvera pied ni patte avant de l'avoir rencontré. Je m'esquinte à lui présenter des balayeurs et des coolies, et son cuir est plus lardé de piqûres de baïonnettes qu'une moustiquaire de trous, et je suis ici par ordre, mon bon monsieur le major, pour demander si quelqu'un, malade ou bien portant, ou vivant ou mort, connaît un éléphant. Je ne suis pas fou, qu'il dit, en s'asseyant sur une boîte de secours médicaux. Ce sont les ordres que j'ai reçus, et c'est ma mère, qu'il dit, qui rirait bien de me voir aujourd'hui le plus grand de tous les idiots. Est-ce que quelqu'un ici connaît un éléphant ?

« Pas un des malades ne pipa mot.

« — Vous voilà renseigné, que dit le major. Allez.

« — Arrêtez, que je dis, réfléchissant confusément dans ma couchette, et je ne reconnaissais plus ma voix. Il se trouve que j'ai été en relations avec un éléphant, moi, que je dis.

« — Il a le délire, que dit le major. Voyez ce que vous avez fait, sergent. Recouchez-vous, mon ami, qu'il dit, en voyant que je cherchais à me lever.

« — Je n'ai pas le délire, que je dis. Je l'ai monté, cet éléphant, devant les casernes de Cawnpore. Il ne l'aura pas oublié. Je lui ai cassé la tête avec un flingot.

« — Complètement fou, que dit le major.

« Puis, me tâtant le front :

« — Non, il est normal, qu'il dit. Mon ami, qu'il dit, si vous y allez, sachez que ça va ou vous tuer ou vous guérir.

« — Qu'importe ? que je dis. Si je suis fou, mieux vaut mourir.

« — Ma foi, c'est assez juste, que dit le major, Vous n'avez toujours plus de fièvre pour le moment.

« — Venez, que me dit le sergent. Nous sommes tous fous aujourd'hui, et les troupes attendent leur repas.

« Il passa son bras autour de moi pour me soutenir. Quand j'arrivai au soleil, montagnes et rochers, tout tournoyait autour de moi.

« — Voilà dix-sept ans que je suis à l'armée, que me dit le sergent, et le temps des miracles n'est pas passé. La prochaine fois on va nous augmenter notre paye. Pardieu, qu'il dit, cet animal vous connaît !

« A ma vue le vieil Obstructionniste s'était mis à gueuler comme un possédé, et j'entendis quarante millions d'hommes qui braillaient dans le Tangi : « Il le reconnaît ! » Alors, comme j'étais sur le point de m'évanouir, la grosse trompe m'enlaça. « Comment vas-tu, Malachie ? » que je dis, en lui donnant le nom auquel il répondait dans les lignes. « Malachie mon fils, vas-tu bien, toi ? que je dis, car moi ça ne va guère. » Là-dessus il trompeta de nouveau et la passe en retentit, et les autres éléphants lui répondirent. Alors je retrouvai un peu de force. « A bas, Malachie, que je dis, et mets-moi sur ton dos, mais manie-moi en douceur, car je ne suis pas brillant. » A la minute il fut à genoux et il m'enleva aussi délicatement qu'une jeune fille. « Maintenant, mon fils, que je lui dis, tu bloques la passe. En route. » Il lança un nouveau barrit de joie, et sortit majestueusement du Tangi, faisant cliqueter sur son dos ses accessoires de canon, et derrière lui s'éleva la plus abasourdissante clameur que j'aie jamais entendue. Alors la tête me tourna, une grande sueur m'envahit et Malachie me paraissait devenir de plus en plus grand, et je dis, d'un air bête et d'une petite voix, en souriant tout à la ronde :

« — Descendez-moi, que je dis, ou bien je vais tomber.

« Quand je revins à moi j'étais couché dans mon lit d'hôpital, mou comme une chiffe, mais guéri de la fièvre, et je vis le Tangi aussi vide que le derrière de mon crâne. Ils étaient tous montés au front, et dix jours plus tard j'y allai moi aussi, moi qui avais bloqué et débloqué tout un corps d'armée. Qu'est-ce que vous pensez de ça, monsieur ?

— J'attendrai pour vous répondre d'avoir vu Learoyd, répétai-je.

— Me voici, dit une ombre sortant d'entre les ombres. J'ai entendu également l'histoire.

— Est-ce vrai, Jock ?

— Oui, vrai, aussi vrai que la vieille chienne a attrapé la gale. Ortheris, tu ne dois plus laisser les chiens approcher d'elle.

BRUGGLESMITH

Le navire sombra ce jour-là, et tout l'équipage fut noyé, sauf moi.

Clark Russell.

Le second du *Breslau* m'invita à dîner à bord, avant que le navire s'en allât à Southampton embarquer des passagers. Le *Breslau*, mouillé en aval de London Bridge, avait ses écoutilles d'avant ouvertes pour le chargement, et son pont jonché de boulons et d'écrous, de vis et de chaînes. MacPhee, le « pied-noir[15] », venait de donner le dernier coup d'astiquage à sa machine adorée, car MacPhee est le plus soigneux des mécaniciens principaux. Si une patte de cafard se prend dans l'un de ses tiroirs à vapeur, tout le navire en est averti, et la moitié de l'équipage est employée à réparer le dégât.

[15] Surnom des officiers mécaniciens, dans la marine française. Les Anglais disent, de façon équivalente : « *The Black*. »

Après le dîner, que le second, MacPhee et moi nous mangeâmes dans un petit coin du salon désert, MacPhee s'en retourna à la machine surveiller l'ajustage d'un coussinet. En attendant l'heure de retourner chez moi, je montai avec le second sur la passerelle, où nous fumâmes en considérant les feux des bateaux innombrables. Durant les silences de notre conversation, je crus percevoir un écho de sonores beuglements, et reconnaître la voix de MacPhee qui chantait les joies du foyer et des amours domestiques. Le second me dit :

— MacPhee a ce soir un ami à bord… un homme qui était fabricant de chaudières à Greenock quand MacPhee était élève mécanicien. Je ne lui ai pas demandé de dîner avec nous parce que…

— Je comprends… ou plutôt j'entends, répliquai-je.

Nous causâmes encore quelques minutes, et MacPhee remonta de la machine en donnant le bras à son ami.

— Permettez-moi de vous présenter ce monsieur, me dit MacPhee. C'est un grand admirateur de vos œuvres. Il vient justement d'en apprendre l'existence.

MacPhee n'a jamais su faire un compliment agréable. Son ami s'assit brusquement sur un gabillot, en disant que MacPhee restait au-dessous de la vérité. Personnellement l'homme au gabillot estimait que le seul Shakespeare soutenait la comparaison avec moi, et que si le second voulait le contredire, il était prêt à se battre avec le second, sur-le-champ ou plus tard, garanti sur facture.

— Ah ! grand homme, si vous saviez, ajouta-t-il en hochant la tête, combien de fois je suis resté dans ma couche solitaire à lire la *Foire aux Vanités*[16] en sanglotant… oui, en pleurant à chaudes larmes par pur émerveillement de ce livre.

[16] *Vanity Fair*, ouvrage bien connu de Thackeray.

En confirmation de sa bonne foi il versa un pleur, et le second se mit à rire. MacPhee réaffermit le chapeau de l'individu qui lui était tombé sur le sourcil.

— Cela va disparaître dans un instant. Ce n'est que l'odeur de la machine, dit MacPhee.

— Je pense que je vais moi-même disparaître, glissai-le à l'oreille du second. Est-ce que le youyou est paré ?

Le youyou attendait au passavant, lequel était abaissé, et le second partit à l'avant chercher un rameur pour me transporter à quai. Il ramena un lascar tout endormi qui connaissait le fleuve.

— Vous vous en allez ? me dit l'individu au gabillot. Ma foi, je vais vous reconduire jusque chez vous. MacPhee, aide-moi à descendre l'échelle. Elle a autant de bouts qu'un chat-à-neuf-queues, et… fichtre !… il y a des youyous à ne pas les compter.

— Mieux vaut le laisser aller avec vous, me dit le second. Muhammed Djenn, tu mettras d'abord à terre le sahib saoul. Le sahib qui ne l'est pas, tu l'emmèneras à l'escalier suivant.

J'avais déjà un pied sur l'avant du youyou, et la marée remontait le fleuve, lorsque l'individu tomba sur moi comme une bombe, refoula le lascar sur l'échelle, largua l'amarre, et l'embarcation partit, la poupe la première, le long de la muraille du *Breslau*.

— Nous ne voulons pas de races étrangères ici ! proclama l'individu. Je connais la Tamise depuis trente ans…

Ce n'était pas l'heure de discuter, nous dérivions alors sous la poupe du *Breslau*, dont je savais que l'hélice était à moitié hors de l'eau, parmi une ténébreuse confusion de bouées, d'amarres affleurantes et de bâtiments à l'ancre entre lesquels clapotait le flot.

— Que vais-je faire ? criai-je au second.

— Tâchez bien vite de trouver un bateau de la police, et pour l'amour de Dieu donnez un peu d'erre au youyou. Gouvernez avec l'aviron. Le gouvernail est démonté, et…

Je n'en pus entendre davantage. Le youyou s'éloigna, heurta un coffre d'amarrage, pirouetta, et fut emporté à l'aventure tandis que je cherchais l'aviron. Assis à l'avant, poings au menton, l'individu souriait.

— Ramez, scélérat, lui dis-je. Sortez-nous d'ici, et gagnez le milieu du fleuve…

— C'est un privilège que de contempler la face du génie. Laissez-moi méditer encore. Il y avait *Le petit Barnabé Dorritt* et *Le Mystère du Druide blême*. J'ai navigué jadis sur un bâtiment qui s'appelait *Le Druide*… le bien mal nommé. Tout cela me revient si agréablement. Oui, tout cela me revient. Grand homme, vous gouvernez de façon géniale.

Nous heurtâmes un autre coffre d'amarrage, et le choc nous envoya sur l'avant d'un bateau norvégien chargé de bois de construction : je distinguai les grandes ouvertures carrées de chaque côté du taillemer. Puis nous plongeâmes dans une file de chalands et leur échappâmes en y laissant la peinture de nos bordages. C'était une consolation de me dire que le youyou diminuait de valeur à chaque choc, mais le problème m'inquiétait de savoir quand il commencerait à faire eau. L'individu regardait devant nous dans les ténèbres opaques, et il sifflotait.

— Voilà un transat de la « Castle », me dit-il ; ses amarrages sont noirs. Il évite en travers du courant. Maintenez son feu de bâbord sur notre tribord avant, et passez au large.

— Comment puis-je maintenir quelque chose n'importe où ? Vous êtes assis sur les avirons. Ramez, l'ami, si vous ne voulez pas sombrer.

Il prit les rames, en disant avec suavité :

— Il n'arrive jamais de mal à un ivrogne. C'est pour cela que j'ai voulu venir avec vous. Mon vieux, vous n'êtes pas en état de rester seul dans un bateau.

Il fit contourner le grand navire par le youyou, et pendant les dix minutes qui suivirent je me délectai… oui, positivement, je me délectai… à voir mon compagnon manœuvrer en virtuose. Nous nous faufilâmes à travers la marine marchande de la Grande-Bretagne comme un furet s'enfile dans un terrier de lapin ; et nous hélions, ou plutôt il hélait jovialement chaque bateau, où les matelots se penchaient aux bastingages pour nous invectiver. Quand nous fûmes en eau à peu près libre il me passa les rames et dit :

— Si vous savez ramer comme vous écrivez, je vous honorerai malgré tous vos vices. Voilà London Bridge. Faites-nous-le traverser.

Nous filâmes comme un trait sous la sombre voûte retentissante, et ressortîmes de l'autre côté, remontant rapidement avec le flot qui chantait des hymnes de victoire. A part mon désir de rentrer chez moi avant le jour, je commençais à me réconcilier avec la balade. On apercevait quelques étoiles, et en tenant le milieu du courant il ne pouvait nous arriver rien de grave.

L'individu se mit à chanter à pleine voix :

Le plus fin voilier que l'on put trouver

Yo ho ! Oho !

C'était la Marguerite Evans de la ligne de l'X Noir,

Il y a cent ans !

— Mettez ça dans votre prochain bouquin, ce sera merveilleux.

Et, se dressant, à l'avant, il déclama :

O tours de Julia, antique opprobre de Londres,

Nourries par tant de crimes affreux et nocturnes…

Chère Tamise, coule sans bruit jusqu'à la fin de ma chanson…

Et là-bas c'est la tombe aussi petite que mon lit.

— Je suis poète, moi aussi, et je sens pour les autres.

— Asseyez-vous, lui dis-je. Vous allez nous faire chavirer.

— Bien, je m'assieds… je m'assieds comme une poule.

Il se laissa retomber lourdement, et ajouta, me menaçant de l'index :

— Sache que la volonté prudente et avisée

Est le commencement de la sagesse.

Comment un homme de votre talent a-t-il fait pour être ivre à ce point ? Oh ! c'est honteux, et vous pouvez remercier Dieu à quatre pattes de ce que je suis avec vous. Qu'est-ce que c'est que ce bateau là-bas ?

Nous avions dérivé très loin en amont, et un bateau monté par quatre hommes qui ramaient d'une façon régulière à souhait, nous avait pris en chasse.

— C'est la police fluviale, m'écriai-je à pleine voix.

— Ah oui ! Si le châtiment ne vous rejoint pas sur la terre ferme, il vous rejoindra sur les eaux. Y a-t-il des chances qu'ils nous donnent à boire ?

— Toutes les chances. Je vais les héler.

Et je hélai. On me répondit du canot :

— Qu'est-ce que vous faites là ?

— C'est le youyou du *Breslau* qui s'est échappé, commençai-je.

— C'est un grand ivrogne qui s'est échappé, beugla mon compagnon, et je le ramène chez lui par eau, car il ne tient plus debout sur la terre ferme.

Et là-dessus il cria mon nom vingt fois de suite, et je sentis le rouge m'envahir le corps, à triple couche.

— Vous serez sous clef dans dix minutes, mon bon, lui dis-je, et je doute fort qu'on vous mette en liberté sous caution.

— Chut, chut, mon vieux. Ils me prennent pour votre oncle.

Il empoigna un aviron et se mit à éclabousser le canot qui se rangeait sur notre bord.

— Vous êtes jolis tous les deux, dit enfin le brigadier.

— Je suis tout ce qu'il vous plaira, du moment que vous me délivrez de ce sacripant. Remorquez-nous jusqu'au poste le plus proche, et vous n'aurez pas à regretter votre temps perdu.

— Corruption, corruption de fonctionnaire ! beugla l'individu, en se jetant à plat dans le fond du canot. L'homme est pareil à un misérable ver de terre. Et pour l'amour d'un vil demi-écu me voir à mon âge arrêté par la police fluviale !

— Ramez, de grâce ! lançai-je. Cet individu est ivre !

Ils nous remorquèrent jusqu'à un ponton… un poste d'incendie ou de police : il faisait trop noir pour distinguer lequel des deux. Je sentais bien qu'ils ne me considéraient pas sous un meilleur jour que mon compagnon. Mais je ne pouvais pas m'expliquer, car j'étais occupé à tenir l'autre bout de l'amarre, et je me sentais dépourvu de tout prestige.

En sortant du canot, mon fâcheux compagnon s'abattit à plat sur la figure et le brigadier nous posa brutalement des questions au sujet du youyou. Mon compagnon se lavait les mains de toute responsabilité. Il était, à son dire, un vieillard ; il s'était vu attiré dans un bateau volé par un jeune homme… probablement le voleur… avait préservé le bateau du naufrage (ce qui était rigoureusement exact) et à cette heure il attendait le salut sous les espèces d'un grog au whisky bien chaud. Le brigadier se tourna vers moi. Par bonheur j'étais en habit de soirée, et possédais ma carte de visite. Plus heureusement encore, le brigadier connaissait le *Breslau* et MacPhee. Il promit de renvoyer le youyou en aval dès la prochaine marée, et ne crut pas au-dessous de sa dignité d'accepter mes remerciements sous forme d'argent monnayé.

Ceci réglé à ma satisfaction, j'entendis mon compagnon dire avec irritation au commissaire :

— Si vous ne voulez pas en donner à quelqu'un de sec, vous en donnerez du moins à quelqu'un de mouillé.

Et d'un pas délibéré, franchissant le bord du ponton, il tomba à l'eau.

Quelqu'un piqua une gaffe dans ses habits et l'en retira.

— Maintenant, dit-il d'un ton triomphant, de par les règlements de la Société royale de Sauvetage, vous devez me donner un grog au whisky bien chaud. Quant à ce petit gars, épargnez-lui la tentation. C'est mon neveu, et un brave gamin au fond. Mais je ne comprends pas du tout pourquoi il s'en va sur mer faire son petit Thackeray. Ah ! vanité de la jeunesse ! MacPhee me l'avait dit, que tu étais orgueilleux comme un paon. Je me le rappelle à présent.

— Tâchez donc de lui donner quelque chose à boire et de l'emballer pour la nuit. Je ne sais pas qui c'est, dis-je en désespoir de cause.

On obéit à ma suggestion. Et quand je vis l'individu occupé à boire j'en profitai pour filer, et m'aperçus alors que j'étais proche d'un pont.

Je me dirigeai vers Fleet street, dans l'intention de prendre un fiacre et de rentrer chez moi. Quand mon premier sentiment d'indignation se fut dissipé, tout le grotesque de l'aventure m'apparut et je me mis à rire tout haut parmi les rues désertes, au scandale d'un agent de police. Plus j'y réfléchissais, plus je riais de bon cœur, mais une main, en se posant sur mon épaule, vint modérer ma gaieté : je me retournai, et vis celui qui aurait dû être couché au poste de la police fluviale. Il était trempé des pieds à la tête, son chapeau de soie dégoulinant se tenait tout en arrière de son occiput, et autour de son cou pendait une couverture rayée de jaune, évidente propriété de l'État.

— Le crépitement d'un fagot sous une marmite, dit-il, solennel. Petit gars, sais-tu bien que c'est un péché de rire sans motif ? Ma conscience m'a fait craindre que tu n'arrives jamais chez toi, et je suis venu pour te conduire un bout. Ils sont bien mal élevés, là-bas près de l'eau. Ils n'ont pas voulu m'écouter lorsque je leur ai parlé de tes œuvres, aussi je les ai lâchés. Jette sur toi cette couverture, petit gars. Elle est belle et fraîche.

Je soupirai intérieurement. La Providence à coup sûr avait décrété que je vadrouillerais pendant l'éternité avec l'infâme connaissance de MacPhee.

— Allez-vous-en, lui dis-je, allez chez vous, ou sinon je vous fais arrêter.

Il s'adossa contre un réverbère et se mit un doigt sur le nez… sur son indécent pif sensuel.

— Maintenant je me rappelle que MacPhee m'avait prévenu que tu étais plus orgueilleux qu'un paon, et le fait que tu m'as jeté à la dérive dans un bateau prouve que tu étais saoul comme une grive. Un nom illustre est comme un gâteau savoureux. Moi, je n'en ai pas.

Et il se lécha gaiement les babines.

— Je le sais, dis-je. Et alors ?

— Ouais, mais toi tu en as un. Je me rappelle maintenant que MacPhee parlait de ta réputation dont tu étais si fier. Petit gars, si tu me fais arrêter… je suis vieux assez pour être ton père… je bafoue ta réputation jusqu'à extinction de voix : car je t'appellerai par ton nom jusqu'à ce que les vaches rentrent à l'étable. Ce n'est pas de la plaisanterie que d'être mon ami. Si tu repousses mon amitié, il te faut du moins venir jusqu'à Vine street avec moi pour avoir volé le youyou du *Breslau*.

Et il se mit à chanter à gorge déployée :

Au matin

Au matin avec le tombereau noir…

Nous remonterons à Vine street, au matin !

— C'est de ma composition, mais je n'ai pas de vanité, moi. Nous allons rentrer chez nous tous les deux, petit gars, nous allons rentrer chez nous.

Et il chanta : « Depuis si longtemps[17] », pour montrer qu'il parlait sérieusement.

[17] *Auld Lang Syne*, air populaire d'Écosse.

Un agent de police nous avisa que nous ferions bien de circuler, et nous circulâmes jusqu'au Palais de Justice voisin de St. Clément Danes. Mon compagnon s'était calmé, et son élocution qui jusque-là avait été distincte (c'était merveille de l'entendre dans son état parler si bien le dialecte écossais) commença à bafouiller, à achopper et à bégayer. Il me pria de remarquer l'architecture du Palais de Justice et s'accrocha tendrement à mon bras. Il aperçut alors un agent, et sans me laisser le loisir de me dégager de lui, m'entraîna vers l'homme, en chantant :

Tous les représentants de l'autorité

Ont bien sûr une montre et sa chaîne.

et jeta sa couverture ruisselante sur le casque du gardien de l'ordre. En tout autre pays du monde, nous aurions couru le plus grand risque d'attraper une balle, ou un coup de sabre, ou de matraque… et un coup de matraque est pire qu'une balle. Mais dans le pétrin où nous mettait cette couverture humide, je songeai que nous étions en Angleterre, où les agents de police sont habitués à être houspillés, battus, malmenés, ce qui les prépare à mieux supporter une réprimande au tribunal de police le lendemain matin. Nous tombâmes tous trois comme des capucins de cartes, tandis que l'autre (c'était la suprême horreur de la situation) m'adjurait par mon nom de m'asseoir sur la tête de l'agent et de lui tailler des croupières. Je me dégageai le premier et criai à l'agent de tuer l'individu à la couverture.

Comme juste, l'agent répliqua : « Vous ne valez pas mieux que lui », et me donna la chasse, car j'étais de plus petite taille, par le contour de St. Clément Danes, jusque dans Holywell street, où je me jetai dans les bras d'un autre agent. Cette poursuite ne dura sûrement pas plus d'une minute et demie, mais elle me parut aussi longue et pénible qu'une fuite de cauchemar où l'on a les pieds entravés. Tout en courant j'eus le loisir de penser à mille choses, mais je pensai surtout au grand homme pareil à un dieu qui avait sa stalle dans la tribune nord de St. Clément Danes, il y a cent ans[18]. Lui du moins aurait compati à mon sort. Ces considérations m'absorbaient à un tel point que quand l'autre agent me pressa sur son sein en disant : « Qu'est-ce que c'est que ces manières-là ? » je lui répondis, avec la plus exquise politesse :

[18] Samuel Johnson.

— Monsieur, allons faire un tour dans Fleet street[19].

[19] Phrase attribuée à Johnson.

— Bow street[20] vous conviendra mieux, ce me semble, répondit-il.

[20] Poste de police connu.

Je le crus aussi durant un instant, puis il me sembla que je pourrais m'en tirer par la force. Et il s'ensuivit une scène hideuse, que vint compliquer l'arrivée précipitée de mon compagnon, porteur de la couverture et me déclarant — toujours par mon nom — qu'il voulait me sauver ou périr à la tâche.

— Abattez-le, suppliai-je. Fendez-lui d'abord le crâne, et je m'expliquerai ensuite.

Le premier agent, celui qu'on avait assailli, tira son bâton et l'asséna sur la tête de mon compagnon. Le haute-forme de soie éclata et son propriétaire tomba comme une bûche.

— Ça y est ! fis-je. Voilà que vous l'avez tué.

Holywell street ne se couche jamais. Un petit rassemblement se forma sur-le-champ, et quelqu'un de race germanique brailla :

— Fous l'afez dué !

Un autre lança :

— Prenez son numéro, crénom ! Je l'ai vu taper tant qu'il a pu. Ouah !

Or, quand la bagarre avait commencé, la rue était déserte, et à part les deux agents et moi, personne n'avait vu asséner le coup. Je prononçai donc à voix haute et joviale :

— Cet homme est un ami à moi. Il est tombé du haut mal. Dites, sergot, voulez-vous aller chercher l'ambulance.

Et tout bas j'ajoutai :

— Vous aurez chacun cinq shillings, et cet homme ne vous avait rien fait.

— Non, mais vous et lui avez tenté de me nettoyer, répliqua l'agent.

Il n'y avait pas à discuter la chose.

— Est-ce que Dempsey est de service à Charing Cross ? demandai-je.

— D'où connaissez-vous Dempsey, espèce de n. d. D. d'étrangleur ? repartit l'agent.

— Si Dempsey est là, il me reconnaîtra. Amenez vite l'ambulance, et je transporterai cet homme à Charing Cross[21].

[21] A l'hôpital de Charing Cross.

— C'est à Bow street que vous allez venir, vous, dit l'agent avec aigreur.

— Cet homme est mourant. (Il geignait, étendu sur le pavé.) Amenez l'ambulance, dis-je.

Il y a une ambulance derrière St. Clément Danes, ce en quoi je suis mieux renseigné que beaucoup. L'agent, paraît-il, possédait les clefs du kiosque où elle gîtait. Nous la sortîmes (c'était un engin à trois roues, pourvu d'une capote) et nous jetâmes dessus le corps de l'individu.

Placé dans une voiture d'ambulance, un corps a l'air aussi mort que possible. A la vue des semelles de bottes roides, les agents se radoucirent.

— Allons-y donc, firent-ils.

Je m'imaginai qu'ils parlaient toujours de Bow street.

— Laissez-moi voir Dempsey trois minutes, s'il est de service, répliquai-je.

— Entendu. Il y est.

Je compris alors que tout irait bien, mais avant de nous mettre en route, je passai la tête sous la capote de l'ambulance, pour voir si l'individu était encore en vie. Mon oreille perçut un chuchotement discret.

— Petit gars, tu devras me payer un nouveau chapeau. Ils m'ont crevé le mien. Ne va pas me lâcher à cette heure, petit gars. Avec mes cheveux gris je suis trop vieux pour aller en prison par ta faute. Ne me lâche pas, petit gars.

— Vous aurez de la chance si vous vous en tirez à moins de sept ans, dis-je à l'agent.

Mûs par une crainte très vive d'avoir outrepassé leur devoir, les deux agents quittèrent leurs secteurs de surveillance, et le lugubre convoi se déroula le long du Strand désert. Je savais qu'une fois arrivé à l'ouest d'Adelphi je serais en pays ami. Les agents également eurent sujet de le savoir, car tandis que je marchais fièrement à quelques pas en avant du catafalque, un autre agent me jeta au passage :

— Bonsoir, monsieur.

— Là, vous voyez, dis-je avec hauteur. Je ne voudrais pour rien au monde être dans votre peau. Ma parole, j'ai bonne envie de vous mener tous deux à la préfecture de police.

— Si ce monsieur est de vos amis, peut-être… dit l'agent qui avait asséné le coup et songeait aux conséquences de son acte.

— Peut-être aimeriez-vous me voir partir sans rien dire de l'aventure, complétai-je.

Alors apparut à nos yeux la silhouette du brigadier Dempsey, que son imperméable rendait pour moi pareil à un ange de lumière. Je le connaissais depuis des mois, il était de mes meilleurs amis, et il nous arrivait de bavarder ensemble dans le petit matin. Les sots cherchent à gagner les bonnes grâces des princes et des ministres, et les cours et ministères les laissent périr misérablement. Le sage se fait des alliés parmi la police et les cochers de fiacre, en sorte que ses amis jaillissent du kiosque et de la file de voitures, et que ses méfaits eux-mêmes se terminent en cortèges triomphaux.

— Dempsey, dis-je, y aurait-il eu une nouvelle grève dans la police ? On a mis de faction à St. Clément Danes des êtres qui veulent m'emmener à Bow street comme étrangleur.

— Mon Dieu, monsieur ! fit Dempsey, indigné.

— Dites-leur que je ne suis pas un étrangleur ni un voleur. Il est tout bonnement honteux qu'un honnête homme ne puisse se promener dans le Strand sans être malmené par ces rustres. L'un d'eux a fait son possible pour tuer mon ami ici présent ; et j'emmène le cadavre chez lui. Parlez en ma faveur, Dempsey.

Les agents dont je faisais ce triste portrait n'eurent pas le temps de placer un mot. Dempsey les interpella en des termes bien faits pour les effrayer. Ils voulurent se justifier, mais Dempsey entreprit une énumération glorieuse de mes vertus, telles qu'elles lui étaient apparues à la lumière du gaz dans les heures matinales.

— Et en outre, conclut-il avec véhémence, il écrit dans les journaux. Hein, ça vous plairait, qu'il parle de vous dans les journaux… et en vers, encore, selon son habitude. Laissez-le donc. Voilà des mois que lui et moi nous sommes copains.

— Et le mort, qu'en fait-on ? dit l'agent qui n'avait pas asséné le coup.

— Je vais vous le dire, répliquai-je, me radoucissant.

Et aux trois agents assemblés sous les lumières de Charing Cross, je fis un récit fidèle et détaillé de mes aventures de la nuit, en commençant par le *Breslau* et finissant à St. Clément Danes. Je leur dépeignis le vieux gredin couché dans la voiture d'ambulance en des termes qui firent se tortiller ce dernier, et depuis la création de la police métropolitaine, jamais trois agents ne rirent comme ces trois-là. Le Strand en retentit, et les louches oiseaux de nuit en restèrent ébahis.

— Ah Dieu ! fit Dempsey en s'essuyant les yeux, j'aurais donné gros pour voir ce vieux type galoper avec sa couverture mouillée et le reste. Excusez-moi, monsieur, mais vous devriez vous faire ramasser chaque nuit pour nous donner du bon temps.

Et il se répandit en nouveaux esclaffements.

Des pièces d'argent tintèrent, et les deux agents de St. Clément Danes regagnèrent vivement leurs secteurs : ils riaient tout courants.

— Emmenez-le à Charing Cross, me dit Dempsey entre ses éclats de rire. On renverra l'ambulance dans la matinée.

— Petit gars, tu m'as appelé de vilains noms, mais je suis trop vieux pour aller à l'hôpital. Ne me lâche pas, petit gars. Emmène-moi chez moi auprès de ma femme, dit la voix sortant de l'ambulance.

— Il n'est pas tellement malade. Sa femme lui flanquera un fameux savon, dit Dempsey qui était marié.

— Où logez-vous ? demandai-je.

— A Brugglesmith, me fut-il répondu.

— Qu'est-ce que c'est que ça ? demandai-je à Dempsey, plus versé que moi dans les mots composés de ce genre.

— Quartier de Brook Green, arrondissement d'Hammersmith, traduisit aussitôt Dempsey.

— Évidemment, repris-je. Il ne pouvait pas loger ailleurs. Je m'étonne seulement que ce ne soit pas à Kew[22].

[22] Brook Green se trouve à l'extrême ouest de Londres, à six kilomètres et demi de Charing Cross. Kew est encore plus loin, dans la même direction.

— Allez-vous le véhiculer jusque chez lui, monsieur ? me demanda Dempsey.

— Habiterait-il en… paradis, que je le véhiculerais jusque chez lui. Il ne sortira pas de cette voiture tant que je serai vivant. Pour quatre sous, il me ferait commettre un assassinat.

— Alors bouclez-le, pour plus de sûreté, me dit Dempsey.

Et il boucla dextrement par-dessus le corps de l'individu les deux courroies qui pendaient aux côtés de la voiturette. Brugglesmith — je ne connaissais pas son autre nom — dormait profondément. Il souriait même dans son sommeil.

— C'est parfait, conclut Dempsey.

Et je m'éloignai, poussant devant moi la petite voiture de mon diablotin. Trafalgar square était désert, à part quelques dormeurs à la belle étoile. L'un de ces misérables s'approcha de moi et me demanda l'aumône, en m'affirmant qu'il avait été jadis un homme distingué.

— Moi aussi, répliquai-je. Il y a longtemps de cela. Je vous donnerai un shilling si vous voulez m'aider à pousser cette machine.

— C'est un assassinat ? dit le vagabond, en se reculant. Je n'en suis pas encore arrivé là.

— Non, mais cela finira par en être un, répondis-je. J'y suis arrivé, moi.

L'homme se renfonça dans les ténèbres, et je poursuivis par Cockspur street jusqu'au rond-point de Piccadilly, ne sachant que faire de mon trésor. Tout Londres était endormi, et je n'avais pour me tenir compagnie que ce sac à vin. Il était muet… muet comme le chaste Piccadilly.

Comme je passais devant un club de brique rose, j'en vis sortir un jeune homme de ma connaissance. Un œillet rouge fané pendait à sa boutonnière : il avait joué aux cartes, et se disposait à retourner chez lui à pied avant l'aube, quand il me rejoignit.

— Que faites-vous là ? me demanda-t-il.

J'avais perdu tout sentiment de honte.

— Il s'agit d'un pari, répliquai-je. Venez m'aider.

— Hé, petit gars, qui est-ce ? fit la voix de dessous la capote.

— Seigneur Dieu ! s'exclama le jeune homme, faisant un bond par-dessus la chaussée.

Ses pertes au jeu lui avaient sans doute ébranlé les nerfs. Les miens étaient d'acier cette nuit-là.

— Le Seigneur ? le Seigneur Dieu ? continua la voix morne et impassible. Ne blasphème pas, petit gars. Il viendra à l'heure qu'il aura choisie.

Le jeune homme me considéra avec effroi.

— Cela fait partie du pari, répliquai-je. Venez pousser !

— Où… où allez-vous ? interrogea-t-il.

— A Brugglesmith, répondit la voix de l'intérieur. Dis, petit gars, tu connais ma femme ?

— Non, fis-je.

— Eh bien, c'est une femme redoutable. Petit gars, j'ai soif. Frappe à l'une de ces belles maisons-là, et pour ta peine… tu pourras embrasser la bourgeoise.

— Taisez-vous, ou je vous bâillonne, m'écriai-je férocement.

Le jeune homme à l'œillet rouge gagna l'autre côté de Piccadilly et héla l'unique fiacre visible à plusieurs kilomètres. Quelles étaient ses pensées, je ne saurais le dire.

Je me hâtai… véhiculant, sempiternellement véhiculant la machine vers Brook Green, Hammersmith. Là, j'abandonnerais Brugglesmith aux dieux de cette contrée désolée. Il m'en avait fait trop voir pour qu'il me fût interdit de l'abandonner tout ficelé au milieu de la rue. D'ailleurs, il crierait après moi, et, vrai ! c'est une chose pitoyable que d'entendre à l'aube son propre nom résonner dans le vide de Londres.

Je poursuivis donc, dépassant Apsley House, et atteignant le débit de café, mais le café n'existait pas pour Brugglesmith. Et dans Knightsbridge… le respectable Knightsbridge… je véhiculai mon fardeau, le corps de Brugglesmith.

— Petit gars, qu'est-ce que tu vas faire de moi ? dit-il quand nous fûmes arrivés en face des casernes.

— Vous tuer, dis-je laconiquement, ou vous livrer à votre femme. Taisez-vous.

Il refusa d'obéir. Il ne cessait de parler, entremêlant dans la même phrase l'écossais correct à un effroyable baragouin d'ivrogne. A l'Albert Hall, il m'affirma que j'étais le « bigand d'Hattle Gadle », ce qui signifiait, je suppose, le « brigand d'Hatton Garden ». A la rue Haute de Kensington, il me chérissait comme un fils, et quand mes jambes harassées abordèrent le pont d'Addison road, il m'adjura en pleurant de détacher les courroies et de lutter contre le péché d'orgueil. Personne ne nous dérangea. On eût dit qu'une cloison me séparait de l'humanité entière, tant que je n'aurais pas réglé mon compte avec Brugglesmith. La lueur de l'aube grandissait dans le ciel ; le pavé de bois passa du brun foncé au rouge lilas : je ne doutai plus qu'avant le soir j'aurais tiré vengeance de Brugglesmith.

A Hammersmith, les cieux étaient gris-de-fer, et le jour en pleurs parut. Tous les flots de tristesse d'une aube malencontreuse se déversèrent dans l'âme de Brugglesmith. L'aspect froid et désolé des flaques d'eau le fit pleurer à chaudes larmes. Je pénétrai dans une taverne à demi éveillée… en habit de soirée sous mon pardessus, je m'avançai jusqu'au comptoir… et lui donnai un whisky, à la condition qu'il cesserait de ruer dans la toile de l'ambulance. Alors il pleura plus misérablement, d'avoir été un jour associé à moi, et par là contraint de voler le youyou du *Breslau*.

Le jour était blême et pâle quand j'arrivai au terme de mon long voyage. Rabattant la capote, j'enjoignis à Brugglesmith de me révéler son adresse. Ses yeux explorèrent tristement les façades rouges et grises, et s'arrêtèrent enfin sur une villa dans le jardin de laquelle se dressait une pancarte branlante portant l'inscription : « A louer. » C'en fut assez pour l'abattre entièrement, et cette démoralisation emporta sa belle facilité à parler sa gutturale langue septentrionale, car la boisson nivelle tout.

— Un tout petit moment…, sanglota-t-il. Il a suffi d'un tout petit moment. Foyer… famille, la meilleure des familles… ma femme aussi… tu ne connais pas ma femme. Je les ai quittés il n'y a qu'un tout petit moment. Et voilà que tout est vendu… vendu. Femme… enfants… tout vendu. Laisse-moi me lever !

Je débouclai prudemment les courroies. Brugglesmith débroula hors de son lit de repos et se dirigea en titubant vers la maison.

— Que vais-je faire ? me demanda-t-il.

Je compris alors les profondeurs de l'âme de Méphisto.

— Sonnez, répondis-je ; ils sont peut-être à la cave ou au grenier.

— Tu ne connais pas ma femme. Elle couche dans le salon sur un canapé en attendant mon retour. Non, tu ne connais pas ma femme.

Il ôta ses bottes, les coiffa de son chapeau haute-forme, et avec des ruses de peau-rouge, se faufila par l'allée du jardin. De son poing fermé, il asséna un coup violent sur la sonnette marquée « Visiteurs ».

— La sonnette est malade aussi. Malade, la sonnette électrique ! Qu'est-ce que c'est que cette sonnette-là ? Je ne sais pas la faire aller, gémit-il avec désespoir.

— Tirez dessus… tirez fort, répétai-je, tout en surveillant la rue attentivement.

La vengeance arrivait, et je ne voulais pas de témoins.

— Oui, je vais tirer fort.

Il se frappa le front d'un air inspiré :

— Je vais la tirer à fond.

Se cambrant en arrière, il empoigna le bouton à deux mains et tira. De la cuisine, un carillon furieux lui répondit. Crachant dans ses mains, il tira de plus belle et appela sa femme. Puis il appliqua l'oreille au bouton, hocha la tête, prit dans sa poche un vaste mouchoir jaune et rouge, le noua autour du bouton, et tournant le dos à la porte, tira par-dessus son épaule.

Du mouchoir ou du fil de fer, l'un ou l'autre, pensais-je, devait fatalement céder. Mais j'oubliais la sonnette. Quelque chose cassa dans la cuisine, et Brugglesmith se mit à descendre lentement les marches du perron, en tirant vaillamment. Il entraînait quatre-vingt-dix centimètres de fil de fer.

— Tirez, mais tirez donc ! m'écriai-je. Voilà que ça vient.

— C'est juste, fit-il. Je vais la faire aller, cette sonnette.

Étreignant sur son sein le bouton de sonnette, il se courba en avant. Le fil de fer grinça et s'étira derrière lui, et les bruits de l'intérieur me révélèrent qu'il entraînait la sonnette, avec la moitié de la boiserie de la cuisine et toute la rampe du sous-sol.

— Vous en viendrez à bout ! criai-je.

Et il se vira, enroulant autour de lui ce solide fil de laiton. Je lui ouvris discrètement la porte du jardin, et il la franchit, filant son propre cocon. Et la sonnette venait toujours, au trot, et le fil tenait toujours bon. Notre homme, tournoyant comme un cancrelat empalé, et appelant frénétiquement sa femme et ses enfants, était à présent au milieu de la chaussée. Il s'y rencontra avec la voiture d'ambulance : à l'intérieur de la maison, la sonnette lança un suprême carillon et bondit de l'extrémité du vestibule jusqu'à la face intérieure de la porte de rue, où elle resta coincée. Mon ami Brugglesmith ne l'imita point. Il tomba sur le nez, embrassant dans ce geste la voiture d'ambulance, et tous deux giroyèrent à la fois dans les replis de ce fil de laiton pour lequel on ne fera jamais assez de réclame.

— Petit gars, soupira-t-il, recouvrant la parole, est-ce que j'ai un recours légal ?

— Je vais aller vous en chercher un, répondis-je.

Et m'éloignant, j'avisai deux agents. Je leur racontai que le jour avait surpris un cambrioleur dans Brook Green, alors qu'il était en train de voler du plomb dans une maison inhabitée. Ils feraient bien, à mon avis, de s'occuper de ce voleur sans souliers, qui semblait avoir des difficultés.

Je les menai sur les lieux, et, tableau ! dans la splendeur de l'aurore, l'ambulance, les roues en l'air, arpentait le pavé boueux sur deux pieds en chaussettes… traînassant çà et là dans un quart de cercle dont le fil de laiton formait le rayon et dont le centre était marqué par la plaque de sonnette de la maison déserte.

Après l'ingéniosité stupéfiante avec laquelle Brugglesmith avait réussi à se ficeler sous l'ambulance, la chose qui parut impressionner davantage les agents fut de constater que l'ambulance de St. Clément Danes se trouvait à Brook Green, Hammersmith.

Ils me demandèrent même si je pouvais les renseigner là-dessus. Ils s'adressaient bien !

Non sans peine et sans se salir, ils dépêtrèrent Brugglesmith. Celui-ci leur expliqua qu'il avait repoussé les attaques du « bigand de Hattle Gadle », lequel avait vendu sa maison, sa femme et ses enfants. Au sujet du fil de sonnette il s'abstint d'explications, et les agents l'emportèrent tout debout entre eux deux. Ses pieds étaient à plus de quinze centimètres du sol, et malgré cela ils ramaient avec ardeur. Je compris que, dans son imagination superbe, il croyait courir… courir frénétiquement.

Je me suis parfois demandé s'il tenait à me revoir.

« DU PAIN SUR LA FACE DES EAUX[23] »

[23] Cf. la Bible : *Ecclésiaste*, XI, 1.

Si vous vous souvenez de mon scandaleux ami Brugglesmith, vous vous rappelez sans doute aussi son ami MacPhee, mécanicien principal du *Breslau*, dont Brugglesmith essaya de voler le youyou. Les excuses qu'il me fit pour les exploits de Brugglesmith, je les rapporterai peut-être un jour, en temps et lieu : la présente histoire ne concerne que MacPhee. Ce ne fut jamais un mécanicien de course, et par un point d'honneur singulier il s'en vantait même devant les gens de Liverpool ; mais il connaissait depuis trente-deux ans la mécanique et les humeurs diverses des bateaux. Il avait eu un côté de la figure abîmé par l'explosion d'un générateur, à une époque où l'on en savait moins que maintenant ; et son nez proéminait majestueusement par-dessus les ruines, telle une matraque dans une émeute populaire. Son crâne offrait des entailles et des bosses, et il ne manquait pas de vous guider l'index parmi ses courts cheveux poivre et sel, en vous racontant l'origine de ces marques de fabrique. Il possédait toutes sortes de certificats d'aptitudes supplémentaires, et dans le bas de la commode de sa cabine, où il gardait la photographie de sa femme, il y avait deux ou trois médailles de la Société royale de Sauvetage, reçues pour avoir sauvé des hommes en mer. Professionnellement — il n'en allait pas de même quand des passagers de troisième classe sautaient à l'eau dans un accès de fièvre chaude — professionnellement, MacPhee n'est pas partisan de sauver des gens en mer, et il m'a souvent déclaré qu'un nouvel enfer attend les soutiers et chauffeurs qui s'engagent moyennant la solde d'un homme robuste et tombent malades le second jour de la traversée. Il croit nécessaire de jeter ses bottes au nez des troisième et quatrième mécaniciens qui viennent l'éveiller la nuit pour l'avertir qu'un coussinet est au rouge, et cela parce que la lueur d'une lampe se reflète en rouge sur le métal en rotation. Il croit qu'il n'y a que deux poètes au monde : l'un étant Robert Burns, comme juste ; et l'autre Gérald Massey. Quand il a du temps pour les romans, il lit Wilkie Collins et Charles Reade, — surtout ce dernier, — et il sait par cœur des pages entières de *Hard Cash*. Au salon, sa table avoisine celle du capitaine, et il ne boit que de l'eau tant que ses machines fonctionnent.

Lors de notre première rencontre il me montra de la bienveillance, parce que je ne lui posais pas de questions, et que je voyais en Charles Reade un auteur déplorablement méconnu. Par la suite il goûta la partie de mes écrits constituée par une brochure de vingt-quatre pages que je rédigeai pour Holdock, Steiner et Chase, armateurs de la ligne, à l'époque où ils acquirent le brevet d'un système de ventilation qu'ils adaptèrent aux cabines du *Breslau*, du *Spandau* et du *Kolzan*. Le commissaire du *Breslau* m'avait recommandé pour ce travail au secrétaire de Holdock. Holdock, qui est méthodiste wesleyen, m'invita chez lui et, m'ayant fait dîner après les autres avec la gouvernante, me mit en mains les croquis avec les explications, et j'écrivis la brochure dans l'après-midi même. Cela s'intitulait : *Le confort de la cabine*, et me rapporta sept livres dix, argent comptant... une vraie somme, à cette époque-là ; et j'appris de la gouvernante, qui enseignait son rudiment au jeune John Holdock, que Mme Holdock lui avait recommandé de me tenir à l'œil au cas où je m'en irais avec les effets du portemanteau. Cette brochure plut énormément à MacPhee, car elle était rédigée en style byzantin-moderne, avec des fioritures en baroque et rococo ; et par la suite il me présenta à Mme MacPhee, qui succéda dans mon cœur à Dinah ; car Dinah se trouvait à l'autre bout du monde, et il est sain et hygiénique d'aimer une femme comme Janet MacPhee. Ils habitaient tout près des bassins, une petite maison d'un loyer de douze livres. Quand MacPhee était absent, Mme MacPhee lisait dans les journaux la chronique maritime, et rendait visite aux femmes des mécaniciens les plus âgés, d'un rang social égal au leur. Une ou deux fois, cependant, Mme Holdock alla faire visite à Mme MacPhee dans un coupé aux garnitures de celluloïd, et j'ai lieu de croire qu'après que l'une eut joué assez longtemps à la femme d'armateur, toutes deux échangèrent des potins. Les Holdock habitaient à moins d'un quart de lieue de chez les MacPhee, dans une maison ancienne ayant vue sur un horizon de briques, car ils tenaient à leurs sous comme leurs sous tenaient à eux ; et en été l'on rencontrait leur coupé allant gravement en partie fine au bois de Theyden ou à Houghton. Mais j'étais l'ami de Mme MacPhee, car elle me permettait de la conduire parfois dans l'ouest, au théâtre, où elle sanglotait, riait ou frissonnait d'un cœur ingénu. Elle me fit connaître un nouveau monde de femmes de docteurs, femmes de capitaines et femmes de mécaniciens, dont les propos et les idées n'avaient guère trait qu'à la navigation et à des lignes de navigation dont on n'a jamais ouï parler. C'étaient des bateaux à voiles, avec stewards et salons d'acajou et d'érable, qui desservaient l'Australie, emmenant des cargaisons de poitrinaires et d'ivrognes invétérés à qui l'on avait ordonné un voyage en mer ; c'étaient des petits bateaux mal tenus de l'Ouest Africain, pleins de rats et de cancrelats, où les hommes mouraient partout sauf dans leurs couchettes ; c'étaient des bateaux brésiliens dont les cabines étaient parfois occupées par de la marchandise, et qui prenaient la mer chargés jusqu'au-dessus de la flottaison ; c'étaient des steamers de Zanzibar et de Maurice, et d'étonnants bateaux « reconstitués » qui allaient de l'autre côté de Bornéo. Tous étaient aimés et connus de nous, car ils gagnaient notre pain avec un peu de beurre dessus, et nous méprisions les gros bateaux de l'Atlantique et faisions des gorges chaudes des courriers de la P. & O. et de l'Orient Line, et ne jurions que par nos vénérés armateurs... wesleyens, baptistes ou presbytériens, selon l'occurrence.

Je venais tout juste de rentrer en Angleterre, quand je reçus de Mme MacPhee une invitation à dîner pour trois heures de l'après-midi, libellée sur un papier à lettre quasi nuptial, tant il était crémeux et parfumé. En arrivant à la maison je vis à la fenêtre de nouveaux rideaux qui avaient dû coûter quarante-cinq shillings la paire ; et quand Mme MacPhee m'attira dans un petit vestibule au papier marbré, elle me regarda avec malice et s'écria :

— Vous n'avez rien appris ? Que pensez-vous de ce porte-chapeau ?

Or ce porte-chapeau était en chêne… vingt shillings pour le moins. MacPhee descendit l'escalier d'un pas assuré — il marche avec la légèreté d'un chat, malgré son poids, lorsqu'il est en mer — et me serra les mains d'une façon nouvelle et redoutable… qui contrefaisait la manière du vieux Holdock prenant congé de ses capitaines. Je compris qu'il avait hérité, mais je me tins coi, bien que Mme MacPhee m'exhortât toutes les trente secondes à bien manger et ne rien dire. Ce fut un repas quelque peu fol, car MacPhee et sa femme se prenaient les mains tels de petits enfants, — comme toujours après un voyage, — se faisaient des mines et des clins d'yeux, s'étranglaient et gloussaient, et mangeaient à peine une bouchée.

Une bonne faisait le service ; et pourtant Mme MacPhee m'avait maintes fois répété que tant qu'elle serait bien portante elle n'aurait besoin de personne pour tenir son ménage. Mais cette servante-ci portait un bonnet, et je vis Mme MacPhee se gonfler de plus en plus dans sa robe couleur garance. Le franc-bord de Janet n'a rien de minuscule, pas plus que la couleur garance n'est une teinte discrète ; et sentant dans l'air toute cette fierté triomphale et inexpliquée, je croyais assister à un feu d'artifice sans connaître la fête. Au dessert, la bonne apporta un ananas qui aurait bien dû coûter une demi-guinée en cette saison, — mais MacPhee a sa manière à lui de se procurer ces primeurs, — des lichis secs dans un fruitier en porcelaine de Canton, du gingembre confit sur une assiette de cristal, et un petit pot de chow-chow sacré et impérial qui embaumait la pièce. MacPhee le reçoit d'un Hollandais de Java, et je pense qu'il l'additionne de liqueur. Mais le couronnement de la fête était un madère d'une qualité qu'on ne peut se procurer que si l'on s'y connaît en vin et en fournisseur. Avec le vin, un petit cabas enveloppé de paille de maïs, et contenant des cigares de Manille en étui, fit son apparition, et il n'y eut plus que silence et fumée bleu pâle. Janet, resplendissante, nous souriait à tous deux et tapotait la main de son époux.

— Nous allons boire, dit celui-ci posément et en se frottant les mains, à l'éternelle damnation de Holdock, Steiner et Chase.

J'avais touché de la firme sept livres dix shillings, mais comme juste je répondis : « Amen. » Les ennemis de MacPhee étaient les miens, puisque je buvais son madère.

— Vous n'avez rien entendu dire ? me demanda Janet. Pas un mot, pas un murmure ?

— Pas un mot, pas un murmure. Ma parole, je ne sais rien.

— Raconte-lui, Mac, dit-elle.

Et c'est là une autre preuve de la bonté de Janet et de son amour conjugal. Une femme plus petite aurait bavardé tout d'abord, mais Janet mesure cinq pieds neuf pouces sans ses souliers.

— Nous sommes riches, me dit MacPhee.

Je leur serrai les mains à tour de rôle.

— Je ne naviguerai plus... à moins que... il n'y a pas à dire... un yacht particulier... avec un petit moteur auxiliaire...

— Nous n'avons pas assez pour cela, dit Janet. Nous sommes d'une honnête richesse... dans l'aisance, mais pas plus. Une robe neuve pour l'église et une pour le théâtre. Nous les ferons faire dans l'ouest.

— A combien cela se monte-t-il ? demandai-je.

— Vingt-cinq mille livres. (J'aspirai l'air fortement.) Moi qui gagnais de vingt à vingt-cinq livres par mois !

Il émit ces derniers mots dans un rugissement, comme si le monde entier eût conspiré à le rabaisser.

— J'attends toujours, dis-je. Je ne sais rien depuis septembre dernier. C'est un héritage ?

Ils rirent tous les deux.

— C'est un héritage, dit MacPhee en s'étranglant. Ouh, eh, c'est un héritage. Elle est bien bonne. Bien sûr que c'est un héritage. Janet, tu as entendu ? C'est un héritage. Eh bien, si vous aviez mis ça dans votre brochure, ç'aurait été joliment rigolo. C'est un héritage.

Il se frappa sur la cuisse et éclata, au point de faire trembler le vin dans la carafe.

Les Écossais sont une noble nation, mais il leur arrive de s'attarder trop longtemps sur une plaisanterie, en particulier quand ils sont seuls à en pouvoir goûter le sel.

— Quand je récrirai ma brochure, je mettrai ça dedans, MacPhee. Mais il faut d'abord que j'en sache davantage.

MacPhee réfléchit durant la longueur d'un demi-cigare, tandis que Janet s'emparait de mon regard et le dirigeait successivement sur tous les nouveaux objets de la pièce… le nouveau tapis à dessins lie de vin, la nouvelle horloge à poids entre des modèles de pirogues à balancier de Colombo, le nouveau buffet incrusté portant un vase de fleurs en cristal rouge, les chenets de cuivre doré, et enfin le nouveau piano noir et or.

— En octobre de l'année dernière, le Conseil d'administration m'a renvoyé, commença MacPhee. En octobre de l'année dernière le *Breslau* est rentré pour recevoir son radoub d'hiver. Il avait marché huit mois… deux cent-quarante jours… et quand on l'eut mis en cale sèche il me fallut trois jours pour dresser mes devis. Au total, remarquez, cela faisait moins de trois cents livres… pour être précis, deux cent quatre-vingt-six livres quatre shillings. Personne d'autre que moi n'aurait pu soigner le *Breslau* pour huit mois à ce prix-là. Mais jamais plus… non, jamais. Ils peuvent envoyer leurs bateaux au fond, je m'en fiche.

— Calme-toi, dit doucement Janet. Nous en avons fini avec Holdock, Steiner et Chase.

— C'est exaspérant, Janet, purement exaspérant. Tout le monde le sait, j'ai eu le bon droit pour moi d'un bout à l'autre, mais… mais je ne peux pas leur pardonner. Oui, le bon droit que donne la sagesse ; et tout autre que moi aurait porté les devis à huit cents. Notre capitaine était Hay… vous avez dû le rencontrer. Ils le firent passer sur le *Torgau*, et m'ordonnèrent de m'occuper du *Breslau* sous les ordres du jeune Bannister. Notez qu'il y avait eu de nouvelles élections au Conseil. Les parts s'étaient vendues de côté et d'autre, et la majeure partie de la direction était inconnue de moi. L'ancien conseil ne m'aurait jamais fait cela. Il avait confiance en moi. Mais le nouveau voulait tout réorganiser, et le jeune Steiner (le fils de Steiner), le Juif, en était l'âme. Ils ne crurent pas utile de m'avertir. La première chose que j'en sus (et j'étais mécanicien principal !) fut le programme des voyages d'hiver de la compagnie, et que la marche du *Breslau* était réglée à seize jours d'un port à l'autre. Seize jours, mon cher ! C'est un bon bateau, mais dix-huit jours c'est sa marche d'été, voyez-vous. C'était de l'absurdité pure et simple, et je le déclarai au jeune Bannister.

— Il nous faut y arriver, me dit-il. Vous n'auriez pas dû donner un devis de trois cents livres.

— Prétendent-ils que leurs bateaux vont marcher avec l'air du temps ? dis-je. Ils sont fous, à la direction.

— Dites-leur ça vous-même, qu'il dit. Moi, j'ai une femme, et mon quatrième gosse est en train à l'heure qu'il est, d'après elle.

— Un garçon… à cheveux roux, interrompit Janet.

Elle-même a les cheveux de ce superbe roux doré qui s'accorde avec un teint de nacre.

— Ma parole, j'étais en colère, ce jour-là ! Outre que j'aimais ce vieux *Breslau*, je m'attendais à un peu de considération de la part du comité, après vingt ans de service. Il y avait réunion des directeurs le mercredi, et je passai la nuit précédente dans la salle de la machine, à prendre des croquis pour appuyer mes dires. Eh bien, je leur exposai la chose à eux tous, clair et net. « Messieurs, leur dis-je, j'ai fait marcher le *Breslau* pendant dix-huit saisons, et je ne crois pas qu'on ait une faute à me reprocher dans mon service. Mais si vous vous en tenez à ce programme (j'agitai l'avis devant eux), ce programme dont je n'ai jamais entendu parler avant de le lire à mon petit déjeuner, je vous le garantis sur mon honneur professionnel, le bateau ne le remplira pas. Ou plutôt si, il y réussirait pour un temps, mais à un risque tel qu'aucun homme dans son bon sens ne voudrait le courir. »

« — Pourquoi diable croyez-vous que nous avons accepté vos devis ? demanda le vieux Holdock. Mon brave, vous dépensez l'argent comme de l'eau.

« — Je m'en remets au comité, dis-je, de savoir si deux cent quatre-vingt-sept livres pour huit mois dépassent en rien la raison et l'équité.

« J'aurais pu épargner mon souffle, car depuis la dernière élection le comité avait été renouvelé, et ils restaient là, ces sacrés chasseurs de dividende d'armateurs, sourds comme les vipères de l'Écriture.

« — Il nous faut tenir nos engagements vis-à-vis du public, me dit le jeune Steiner.

« — Tenez plutôt vos engagements vis-à-vis du *Breslau*, lui dis-je. Il vous a servi loyalement, vous et votre père avant vous. Il aurait besoin, pour commencer, d'un carénage et de nouvelles tôles de fondation, et qu'on remplace ses chaudières avant, et qu'on réalèse les trois cylindres, et qu'on refasse tous les guides. C'est l'affaire de trois mois.

« — Parce qu'un de nos employés a peur ? dit le jeune Steiner. Il faudrait peut-être aussi un piano dans la cabine du mécanicien principal ?

« Je pétris ma casquette entre mes doigts, et rendis grâces à Dieu d'être sans enfants et avec quelques économies. Je repris :

« — Messieurs, vous m'entendez. Si l'on fait du *Breslau* un bateau à seize jours, vous pouvez chercher un autre mécanicien.

« — Bannister ne nous a pas fait d'objections, dit Holdock.

« — Je parle pour moi seul, dis-je. Bannister a des enfants.

Et alors je perdis patience :

« — Libre à vous d'envoyer le bateau en enfer aller et retour, si vous payez le pilotage, dis-je, mais il ira sans moi.

« — Voilà de l'insolence, dit le jeune Steiner.

« — Vous pouvez vous considérer comme renvoyé. Il nous faut maintenir la discipline chez nos employés, dit le vieux Holdock.

« Et il regarda les autres directeurs pour voir s'ils étaient de son avis. Ils ne se rendirent pas compte (Dieu leur pardonne !) et d'un signe de tête ils m'expulsèrent de la compagnie… après vingt ans… oui, après vingt ans !

« Je sortis et m'assis auprès du concierge du vestibule, pour rassembler mes esprits. Je pense bien que j'injuriai le comité. Alors le vieux MacRimmon (de la MacRimmon et MacNaughton) sortit de son bureau, qui est sur le même palier, et me considéra, en soulevant une de ses paupières avec son index. Vous savez qu'on l'appelle le Diable aveugle, mais il n'est rien moins qu'aveugle, et ne se montra aucunement diable dans ses procédés avec moi… MacRimmon de la ligne Black Bird.

« — Qu'est-ce que c'est, maître MacPhee ? me dit-il.

« J'étais alors incapable d'argumenter.

« — C'est un mécanicien principal sacqué après vingt ans de service, parce qu'il ne veut pas risquer le *Breslau* à suivre le nouvel horaire, et allez au diable, MacRimmon, lui dis-je.

« Le vieux fronça ses lèvres en sifflotant.

« — Ah oui, fit-il, le nouvel horaire. Je comprends !

« Il entra, clopinant, dans la salle du conseil que je venais de quitter, et son chien Dandie, qui est le digne conducteur de cet aveugle, resta avec moi. C'était là une circonstance providentielle. Au bout d'une minute il fut de retour.

« — Vous avez jeté votre pain à l'eau, MacPhee, et allez au diable, me dit-il. Où est mon chien ? Il est sur vos genoux ? Ma parole, il a plus de discernement qu'un Juif. Qu'est-ce qui vous a pris, d'injurier votre conseil d'administration, MacPhee ? Cela coûte cher.

« — Le *Breslau* leur coûtera encore plus cher, dis-je… (Et au chien :) Va-t'en de mes genoux, flagorneuse bête.

« — Les coussinets chauffent, hein ? me dit MacRimmon. Il y a trente ans que quelqu'un n'a osé m'injurier en face. Il fut un temps où je vous aurais jeté à bas des escaliers pour cette insolence.

« — Pardonnez-la-moi ! dis-je. (Il allait sur ses quatre-vingts ans, à ma connaissance.) J'ai eu tort, MacRimmon. Mais quand on se voit mettre à la porte pour avoir fait son devoir évident, on n'est pas toujours poli.

« — Je comprends ça, dit MacRimmon. Un cargo affréteur vous répugnerait-il ? Vous n'aurez que quinze livres par mois, mais on dit que le Diable aveugle nourrit ses gens mieux que d'autres. Il s'agit de mon *Kite*. Va bien. Remerciez plutôt Dandie que voici. Je ne tiens pas aux remerciements… Mais enfin, ajouta-t-il, qu'est-ce qui vous a pris de donner votre démission chez Holdock ?

« — Le nouvel horaire, dis-je. Le *Breslau* n'y résistera pas.

« — Ta, ta, ta. Vous n'aviez qu'à le forcer un peu… assez pour montrer que vous le poussiez… et l'amener au port avec deux jours de retard. Quoi de plus simple que de dire que vous aviez ralenti à cause des coussinets, hein ? Tous mes gens le font… et je les crois.

« — MacRimmon, dis-je, quel prix une jeune fille attache-t-elle à sa virginité ?

« Sa figure parcheminée se contracta et il se tortilla dans son fauteuil.

« — C'est tout au monde pour elle, dit-il. Mon Dieu, oui, tout au monde. Mais qu'avons-nous à faire, vous ou moi, avec la virginité, à notre âge ?

« — Ceci, dis-je. Chacun de nous a toujours une chose, dans son métier ou sa profession, qu'il refusera de faire sous n'importe quel prétexte. Si je marche à l'horaire, je marche à l'horaire, sauf toutefois les risques de mer. Moins que cela, devant Dieu, je ne l'ai pas fait. Plus que cela, par Dieu, je ne veux pas le faire. Il n'est pas un tour du métier que je ne connaisse…

« — Je l'ai ouï dire, fit MacRimmon, sec comme un biscuit.

« — Mais quant à ce qui est de courir loyalement, c'est sacré pour moi, vous entendez. Je ne truque pas avec ça. Pousser des machines faibles, n'est qu'une ruse loyale ; mais ce que la direction me demande, c'est de tricher, avec en outre le risque d'entraîner mort d'homme. Vous remarquerez que je connais mon affaire.

« Nous causâmes encore un peu, et huit jours après je m'en allais à bord du *Kite*, cargo de la Black Bird, deux mille cinq cents tonnes, compound normal. Plus chargé il voguait, mieux il faisait route. Je lui ai fait rendre jusqu'à neuf nœuds, mais sa juste moyenne était de huit nœuds trois. Bonne nourriture à l'avant et meilleure à l'arrière, toutes les demandes de matériel admises sans notes marginales, le meilleur charbon, des servo-moteurs neufs, et de bons matelots. Le vieux accordait tout ce qu'on voulait, excepté de la peinture. C'était par là qu'il péchait. On lui aurait plutôt tiré sa dernière dent que de la peinture. Quand il s'en venait au bassin, où ses bateaux faisaient scandale tout le long du quai, il geignait et pleurait en disant qu'ils avaient aussi bon air qu'il pouvait le désirer. Chaque armateur, je l'ai observé, a son *nec plus ultra*. La peinture était celui de MacRimmon. Mais on pouvait se tenir autour de ses machines sans risquer sa vie, et tout aveugle qu'il fût, je l'ai vu sur un signe de moi refuser coup sur coup cinq «intermédiaires» fêlés, et ses aménagements à bestiaux pouvaient affronter le Nord-Atlantique en saison d'hiver. Vous savez ce que cela veut dire ? MacRimmon et la ligne Black Bird, que Dieu les bénisse !

« Ah ! j'oubliais de vous dire que le *Kite* avait beau se coucher jusqu'à enfoncer sous l'eau son pont avant, il fonçait dans une bourrasque de vingt nœuds quarante-cinq à la minute, à trois nœuds et demi à l'heure, et ses machines tournaient avec la régularité d'une respiration d'enfant endormi. Le capitaine était Bell, et bien qu'il n'y ait pas grande sympathie entre équipages et armateurs, nous raffolions du vieux Diable aveugle et de son chien, et je pense que lui-même nous aimait. Il valait au delà de deux millions de livres, et n'avait ni parents ni amis. Et pour un homme seul, l'argent est une chose terrible… quand on en a trop.

« J'avais fait faire deux voyages aller et retour au *Kite*, quand on apprit l'accident du *Breslau*, tout comme je l'avais prophétisé. Son mécanicien était Calder (il n'est pas capable de mener un remorqueur sur le Solent), et Calder fit tant et si bien que la machine s'enleva de ses fondations et retomba en vrac, à ce que j'appris. Le bâtiment s'emplit donc, du presse-étoupe arrière à la cloison arrière, et resta à contempler les étoiles, avec ses soixante-dix-neuf passagers qui braillaient dans le salon. A la fin le *Camaralzaman*, de la ligne Carthagène de Ramsey et Gold, lui donna la remorque au prix de cinq mille sept cent quarante livres plus les frais devant le tribunal de l'Amirauté. Il était désemparé, vous comprenez, et hors d'état d'affronter le moindre coup de temps. Cinq mille sept cent quarante livres, plus les frais, et sans compter une nouvelle machine ! Ils auraient mieux fait de me garder… avec l'ancien horaire.

« Mais malgré cela, les nouveaux directeurs continuaient à faire des économies. Le jeune Steiner, le Juif, était le plus acharné. Ils sacquaient à tort et à travers les hommes qui ne voulaient pas manger la saleté que leur donnait la compagnie. Ils réduisaient les réparations ; ils nourrissaient les équipages de restes et de fonds de magasins ; et prenant le contre-pied de la méthode de MacRimmon, ils cachaient les défectuosités de leurs bateaux sous de la peinture et de l'or adhésif. *Quem Deus vult perdere dementat*[24], vous connaissez.

[24] Dieu rend fous ceux qu'il veut perdre.

« En janvier, nous allâmes en cale sèche, et dans la cale voisine se trouvait le *Grotkau*, leur gros cargo qui était en 1884 le *Dolabella* de Piegan, de la ligne Piegan et Welsh… Ce bâtiment en fer construit sur la Clyde, à fond plat, à l'avant arrondi, aux machines trop faibles, était une brute de garce de cinq mille tonnes de capacité, qui ne voulait ni gouverner, ni avancer, ni stopper quand on le lui demandait. Des fois elle obéissait à la barre, des fois elle prenait le mors aux dents, des fois elle s'attardait pour se gratter, et des fois elle fonçait dans un mur de quai. Mais Holdock et Steiner l'avaient achetée au rabais, et l'avaient entièrement repeinte comme la Tour de Babylone si bien que, pour abréger, nous l'appelions la Tour. (Entre parenthèses MacPhee s'en tint à ce nom durant la suite de son récit ; on est donc prié de lire en conséquence.) Je m'en allai voir le jeune Bannister… il lui fallait prendre ce que la compagnie lui donnait, et il était passé, ainsi que Calder, du *Breslau* sur cet avorton… Tout en causant avec lui j'entrai dans la cale où était le bâtiment. Ses tôles étaient piquées au point que les hommes occupés à les badigeonner à tour de bras en rigolaient. Mais je ne vis le pire qu'à la fin. Ce bateau avait une grande bête d'hélice Thresher de six mètres (c'est Aitcheson qui a dessiné celle du *Kite*), et juste sur la queue de l'arbre, en deçà de l'étambot, il y avait une fissure suintant de rouille où l'on aurait pu introduire une lame de canif. Mon ami, c'était une fissure effroyable ! Je demandai à Bannister :

« — Quand allez-vous embarquer une nouvelle queue d'arbre ?

« Il comprit ce que je voulais dire.

« — Oh ! c'est une paille superficielle, qu'il dit sans me regarder.

« — Superficielle ! Le diable m'emporte ! que je réponds. Vous ne ferez pas le voyage avec une solution de continuité de ce genre !

« — On va la réparer ce soir, dit-il. J'ai une femme, et vous connaissez la Direction…

« A ce moment-là je lui dis franchement ma façon de penser. Vous savez quelle est la sonorité d'une cale sèche. Je vis le jeune Steiner arrêté au-dessus de moi à écouter, et, mon cher, il usa d'un langage fait pour provoquer une rupture de la paix. D'après lui j'étais un espion et un employé malhonnête et je corrompais la moralité du jeune Bannister, et il m'attaquerait en diffamation. Il s'éloigna tandis que je grimpais l'escalier… si je l'avais attrapé je l'aurais jeté dans la cale. Là-haut je rencontrai MacRimmon avec Dandie qui tirait sur sa chaîne pour guider le vieillard parmi les voies ferrées.

« — MacPhee, me dit-il, vous n'êtes pas payé pour vous disputer avec Holdock, Steiner et Chase quand vous les rencontrez. Qu'est-ce qui cloche entre vous ?

« — Tout bonnement une queue d'arbre rongée comme un trognon de chou. Je vous en prie, allez voir, MacRimmon. C'est une vraie comédie.

« — Je me méfie de cet hébreu causeur, dit-il. Où est la paille, et à quoi ressemble-t-elle ?

« — Une fissure de dix-huit centimètres derrière l'étambot. Il n'y a pas de puissance au monde capable de l'empêcher de s'ouvrir.

« — Quand ?

« — Ça, je n'en sais rien.

« — Soit, soit, dit MacRimmon. La science humaine a des limites. Vous êtes sûr que c'est une fissure ?

« — Mon cher, c'est une crevasse, dis-je, car il n'y avait pas de mots pour en exprimer l'énormité. Et le jeune Bannister prétend que ce n'est qu'une paille superficielle.

« — Allons, il me semble que nous devons nous occuper de nos affaires. Si vous avez des amis à bord de ce bateau, MacPhee, pourquoi ne les inviteriez-vous pas à un petit dîner chez Radley ?

« — Je pensais à un thé dans le carré, dis-je. Des mécaniciens de cargo ne peuvent s'offrir des tarifs d'hôtel.

« — Non, non ! dit le vieillard, pleurnichant. Pas dans le carré. On rirait de mon *Kite*, car il n'est pas emplâtré de peinture comme la *Tour*. Invitez-les chez Radley, MacPhee, et envoyez-moi l'addition. Remerciez Dandie que voici, mon cher. Je ne tiens pas aux remerciements.

« Et il tourna le chien vers moi. Puis, comme s'il lisait dans ma pensée :

« — Maître MacPhee, ceci n'est pas de la démence sénile.

« — Dieu nous en garde ! dis-je tout abasourdi. Je pensais justement que vous étiez sorcier, MacRimmon.

« Le vieux birbe rit si fort qu'il faillit tomber assis sur son chien Dandie.

« — Envoyez-moi l'addition, reprit-il. Il y a longtemps que je ne bois plus de champagne, mais vous me direz quel goût cela vous laisse le matin.

« Bell et moi nous invitâmes Bannister et Calder à dîner chez Radley. Dans cette maison-là ils n'admettent pas qu'on rie ou qu'on chante, mais nous prîmes un cabinet particulier… comme des propriétaires de yachts de Cowes.

MacPhee s'épanouit dans un sourire et se laissa aller en arrière pour songer.

— Et alors ? fis-je.

— Nous n'étions pas ivres à proprement parler, mais les gens de chez Radley me montrèrent les cadavres. Il y avait six magnums de champagne sec et peut-être une bouteille de whisky.

— Vous n'allez pas me raconter qu'à vous quatre vous vous en êtes tirés avec un magnum et quart chacun en sus du whisky ? demandai-je.

Du fond de son fauteuil, MacPhee me lança un regard de pitié.

— Mon cher, nous n'étions pas réunis là pour boire, reprit-il. Ces bouteilles ne firent que nous rendre spirituels. A vrai dire, le jeune Bannister posait sa tête sur la table et pleurait comme un gosse, et Calder était tout disposé à aller trouver Steiner à deux heures du matin et à le peindre en vert pomme ; mais ils avaient déjà bu dans l'après-midi. Seigneur, comme ils maudirent tous deux la direction, et le *Grotkau*, et la queue d'arbre et les machines, et tout ! Ils ne parlaient plus de pailles superficielles, cette nuit-là ! Je revois le jeune Bannister et Calder se serrer les mains en jurant de se venger de la compagnie à tout prix pourvu que ça ne leur fît pas perdre leurs brevets. Or, notez comme les mauvaises économies nuisent aux affaires. La compagnie les nourrissait comme des gorets (j'ai bonne raison de le savoir) et j'ai observé chez mes compatriotes que si l'on touche à l'estomac des Écossais on en fait de vrais diables. Nourrissez-les bien, et ils vous mèneront une dragueuse en plein Atlantique et la feront aborder quelque part sur la côte d'Amérique. Mais dans le monde entier la mauvaise nourriture fait le mauvais service.

« MacRimmon reçut l'addition, et il ne m'en dit rien jusqu'à la fin de la semaine, où j'allai le trouver pour ravoir de la peinture, car nous avions appris que le *Kite* était affrété pour quelque part du côté de Liverpool.

« — Restez où l'on vous a mis, me dit le Diable aveugle. Mon cher, est-ce que vous prenez des bains de champagne ? Le *Kite* ne partira pas d'ici avant que je n'en aie donné l'ordre… et comment irais-je prodiguer de la peinture alors que le *Lammerguyer* est en cale pour je ne sais combien de temps encore ?

« Il s'agissait de notre grand cargo (dont MacIntyre était le mécanicien) qui était, je le savais, sorti du radoub depuis moins de trois mois. Ce matin-là je rencontrai le commis principal de MacRimmon (vous ne le connaissez pas) qui se mordait littéralement les ongles de dépit.

« — Le vieux est devenu maboul, me dit-il. Il a désarmé le *Lammerguyer*.

« — Il a peut-être ses raisons, répliquai-je.

« — Des raisons ! Il est fou.

« — Pour moi il ne sera fou que le jour où il se mettra à le faire peindre, dis-je.

« — C'est précisément ce qu'il a fait... et les frets du Sud-Amérique sont plus élevés que nous ne les reverrons de notre vie. Il l'a mis en cale sèche pour le repeindre... le repeindre... le repeindre ! dit le petit employé trépignant comme une poule sur une tôle brûlante. Cinq mille tonnes de fret possible qui moisissent en cale sèche, mon cher, et il distribue parcimonieusement la couleur par boîtes d'un quart de livre, car cela lui fend le cœur, tout fou qu'il est. Et le *Grotkau*... le *Grotkau*, pour comble... absorbe toutes les livres sterling qui devraient nous revenir à Liverpool.

« J'étais sidéré par cette folie... d'autant qu'il s'y ajoutait celle du dîner chez Radley.

« — Vous pouvez bien ouvrir les yeux, MacPhee, me dit le commis principal. Trois locomotives et du matériel roulant, et des poutres en fer... savez-vous où en est le fret à cette heure ?... et des pianos, et des articles de modes, et une cargaison de fantaisies de toute sorte pour le Brésil qui affluent dans le *Grotkau*... le *Grotkau* de la firme Jérusalem... et pendant ce temps-là on repeint le *Lammerguyer* !

« Parole, je crus le voir tomber d'apoplexie.

« Je ne pus que lui dire : « Obéissez aux ordres de vos armateurs, même si vous leur faites faire faillite », mais sur le *Kite* nous crûmes MacRimmon devenu fou : et MacIntyre du *Lammerguyer* fut d'avis de le faire interner par quelque bon moyen légal qu'il avait trouvé dans un bouquin de jurisprudence maritime. Et durant toute cette semaine-là les frets pour le Sud-Amérique ne cessèrent de monter. C'était une pitié.

« Puis Bell reçut l'ordre d'emmener le *Kite* à Liverpool, sur lest. MacRimmon, en venant nous dire adieu, geignit et se lamenta sur les hectares de peinture qu'il avait prodigués au *Lammerguyer*.

« — Je m'en remets à vous de les rattraper, dit-il. Je m'en remets à vous de me faire rentrer dans mes frais. Vrai Dieu, pourquoi n'êtes-vous pas encore démarrés ? Est-ce que vous le faites exprès de flâner en bassin ?

« — Qu'est-ce que ça fait, MacRimmon ? dit Bell. De toute façon nous arriverons à Liverpool le lendemain de la foire. Le *Grotkau* a pris tout le fret qui aurait pu nous revenir à nous et au *Lammerguyer*.

« MacRimmon rit et grimaça… le vrai portrait de la démence sénile. Vous savez qu'il fait jouer ses sourcils comme ceux d'un gorille.

« — Vous partez avec des instructions cachetées, dit-il, en toussotant et se grattant. Les voici… à ouvrir successivement.

« Quand le vieux fut reparti à terre, Bell dit, tout en maniant les enveloppes :

« — Nous devons longer toute la côte sud, en mettant le cap à terre pour prendre des ordres… et par ce temps-ci encore ! Il n'est plus question de sa folie, à présent.

« Or donc, nous mîmes en route ce vieux *Kite*… nous avions de très mauvais temps… sans cesse le cap à terre pour attendre des ordres télégraphiques qui sont le cauchemar des capitaines. Puis nous fîmes escale à Holyhead, et Bell ouvrit la dernière enveloppe où se trouvaient les dernières instructions. J'étais avec lui dans le carré, et il me jeta le papier, en s'écriant :

« — Auriez-vous imaginé cela, Mac ?

« Je ne dirai pas ce que MacRimmon avait écrit, mais il était loin d'être fou. Il y avait un grain de sud-ouest en perspective quand nous arrivâmes à l'embouchure de la Mersey par un matin d'un froid aigre avec une mer gris verdâtre et un ciel pareil… du temps de Liverpool, comme on dit ; et nous restâmes là, à danser, et les hommes juraient. On ne peut garder de secrets à bord d'un bateau. Eux aussi pensaient que MacRimmon était fou.

« Puis nous vîmes le *Grotkau* qui sortait du fleuve avec la marée, enfoncé jusqu'au plat-bord, sa cheminée repeinte à neuf comme ses canots et le reste. Calder m'avait raconté chez Radley ce qui clochait à ses machines, mais mon oreille seule me l'aurait appris, à trois kilomètres de distance, rien qu'à entendre leur battement. Nous virâmes, tanguant et roulant dans le sillage du *Grotkau*, et la brise sifflait avec bonne promesse de redoubler. A six heures il ventait dur et sec, et avant le quart de minuit c'était une vraie tempête du sud-ouest.

« — Il va gouverner sur l'Irlande, de cette allure-là, me dit Bell.

« J'étais avec lui sur la passerelle, à surveiller le feu bâbord du *Grotkau*. Le vert ne se voit pas d'aussi loin que le rouge, sans quoi nous nous serions tenus sous le vent. Nous n'avions pas de passagers à ménager, et — tous les yeux étant fixés sur le *Grotkau* — nous allâmes donner en plein dans un transat qui rentrait dare dare à Liverpool. Ou, pour être plus précis, Bell put tout juste dégager le *Kite* de dessous son étrave, et il s'échangea quelques jurons entre les deux passerelles. Or, un passager — MacPhee me considéra avec indulgence — l'aurait raconté aux journaux à peine arrivé à la douane. Cette nuit-là et les deux jours suivants nous nous tînmes à la queue du *Grotkau* —

il ralentit à cinq nœuds, d'après mon estime — et nous voguâmes tout doucement sur le chemin du Fastnet.

— Mais on ne prend pas par le Fastnet pour aller à un port du Sud-Amérique. Est-ce votre coutume à vous ? fis-je.

— Non pas. Nous préférons prendre au plus direct. Mais nous suivions le *Grotkau*, et il ne voulait à aucun prix s'aventurer dans cette tempête. Vu ce que je savais à son désavantage, je ne pouvais blâmer le jeune Bannister. Ça bardait à l'instar d'un ouragan d'hiver de l'Atlantique Nord : neige et grêle, et un vent à périr. On aurait cru voir le diable déchaîné sur la face de l'abîme et fouettant la crête des lames avant de se décider à frapper. Jusque-là ils avaient laissé porter contre l'ouragan, mais dès l'instant où le *Grotkau* eut dépassé les Skellings, il se troussa pour de bon et courut vent arrière pour doubler le cap Dunmore. Bouh ! ce qu'il roulait !

« — Il va s'abriter à Smerwick, me dit Bell.

« — Il serait déjà entré à Ventry si c'était là son intention, dis-je.

« — Ils vont lui démancher la cheminée, de ce train-là, dit Bell. Pourquoi donc Bannister ne tient-il pas le cap à la mer ?

« — A cause de la queue d'arbre, répliquai-je. Il préfère rouler plutôt que de tanguer, avec des fêlures superficielles dans la queue d'arbre. Calder le sait bien.

« — C'est du vilain travail que de mener des vapeurs cet hiver, reprit Bell.

« Sa barbe et ses favoris étaient gelés sur son ciré, dont l'embrun saupoudrait de blanc le côté au vent. Un véritable temps d'hiver de l'Atlantique Nord.

« L'un après l'autre la mer nous arracha nos trois canots et tordit les portemanteaux comme des cornes de bélier.

« — Ça va mal, dit Bell à la fin. On ne peut faire passer une amarre sans canots.

« Bell était un homme très judicieux… pour quelqu'un d'Aberdeen.

« Je ne suis pas de ceux qui se révoltent contre les circonstances extérieures à la salle de la machine, aussi je me glissai en bas, dans l'intervalle de deux coups de mer, pour voir comment se comportait le *Kite*. Mon bon, c'est en son genre le navire le mieux gréé qui soit jamais sorti de la Clyde ! Kinloch, mon second, le savait aussi bien que moi. Je le trouvai faisant sécher ses savates sur le générateur, et se peignant les favoris avec le peigne que Janet m'a donné l'an dernier, tout comme si nous étions au port. Je fis jouer l'alimentation, inspectai la chaufferie, tâtai les coussinets, crachai sur le palier de butée pour me porter chance, donnai à tous ma bénédiction, et enlevai les savates de Kinloch avant de remonter sur la passerelle.

« Alors Bell me passa la roue, et alla en bas pour se réchauffer. Quand il remonta, mes gants étaient gelés sur les manettes et la glace cliquetait à mes cils. Un vrai temps d'hiver de l'Atlantique Nord, je le répète.

« La bourrasque s'apaisa dans la nuit, mais nous restâmes battus par une mer clapoteuse qui secouait ce vieux *Kite* de la proue à la poupe. Je ralentis à trente-quatre, je pense… non, à trente-sept. Le matin venu, il n'y avait plus qu'une longue houle à laquelle le *Grotkau* faisait tête au large dans l'ouest.

« — Il arrivera quand même à Rio, pour finir, malgré sa queue d'arbre, me dit Bell.

« — La nuit dernière l'a ébranlé, dis-je. Ça finira par casser, notez mes paroles.

« Nous étions alors, à l'estime, à quelque chose comme cent cinquante milles dans l'ouest-sud-ouest du cap Slyne. Le lendemain nous en fîmes cent trente (vous remarquerez que nous n'étions pas des bateaux de course) et le jour suivant cent soixante et un, et avec cela nous fûmes rendus, on peut dire. Dix-huit degrés et quelque chose ouest, et peut-être cinquante et un et quelque chose nord, ayant croisé en oblique toutes les routes des courriers de l'Atlantique Nord, toujours en vue du *Grotkau*, nous en rapprochant la nuit et nous en éloignant le jour. Après la bourrasque, le temps était devenu froid et les nuits sombres.

« Le vendredi soir, juste avant le quart de minuit, je me trouvais dans la chambre de la machine, quand Bell siffla dans le tube acoustique :

« — Ça y est !

« Et je remontai.

« Le *Grotkau* était juste à bonne distance au sud, et l'un après l'autre il hissa trois feux rouges en ligne verticale… ce qui signifie qu'un vapeur ne gouverne plus.

« — Voilà une remorque pour nous, me dit Bell, en se léchant les babines. Il nous rapportera plus que le *Breslau*. Nous allons le rejoindre, MacPhee !

« — Attendez un peu, dis-je. Les lames assaillent trop les navires, par ici.

« — Raison de plus, dit Bell. C'est une fortune qui s'offre à nous. Qu'en pensez-vous, mon bon ?

« — Donnez-leur jusqu'au jour. Ils savent que nous sommes là. Si Bannister a besoin de nous, il saura bien lancer une fusée.

« — Qui vous dit que Bannister en a besoin. Si l'on tarde nous allons voir quelque vagabond de cargo nous le souffler à notre nez.

« Et il mit la barre dessus. Nous avions ralenti. Je repris :

« — Bannister aimerait mieux retourner au pays sur un transat et manger au salon. Souvenez-vous de ce qu'il nous disait l'autre soir chez Radley, à propos de la nourriture de Holdock et Steiner. Tenez-le au large, mon bon... tenez-le au large. Une remorque n'est qu'une remorque, mais un bâtiment abandonné cela représente une fameuse part de sauvetage.

« — Hé, hé ! dit Bell. Il y a de la ressource en vous, Mac. Je vous aime comme un frère. Nous allons rester où nous sommes jusqu'au jour.

« Et il nous maintint à distance du *Grotkau*.

« Puis il s'éleva une fusée à l'avant et deux sur le pont et un feu bleu à l'arrière. Puis un tonneau de goudron s'alluma à l'avant.

« — Ils coulent, dit Bell. C'est bien fichu, et tout ce que je recevrai ce sera une paire de jumelles de nuit pour avoir rencontré le jeune Bannister... l'imbécile !

« — Du calme, tout va bien, dis-je. Leurs signaux s'adressent à un bâtiment dans notre sud. Bannister sait aussi bien que moi qu'une simple fusée ferait accourir le *Kite*. Il ne gaspille pas ses pièces d'artifice pour rien. Écoutez-les appeler.

« Le *Grotkau* siffle sans discontinuer pendant cinq minutes, et puis ce furent d'autres pièces d'artifice... une vraie représentation.

« — Cela ne s'adresse pas à des vrais gens du métier, dit Bell. Vous avez raison, Mac. C'est pour un plein carré de passagers.

« Il regarda attentivement dans ses jumelles de nuit, car il y avait de la brume dans le sud.

« — Qu'est-ce que vous en dites ? fis-je.

« — Un transat, répondit-il. Voilà sa fusée. Oh ! aïe ! on a réveillé le capitaine chamarré d'or, et... voilà qu'on réveille les passagers. On allume l'électricité dans toutes les cabines... Encore une autre fusée ! Ils viennent au secours des infortunés naufragés.

« — Passez-moi la lorgnette, dis-je.

« Mais Bell trépignait sur la passerelle, totalement frénétique.

« — Un paquebot-poste... un paquebot-poste... un paquebot-poste ! s'écria-t-il. Ayant contrat avec le gouvernement pour le transport régulier de la malle ; et comme tels, Mac, notez-le, ils peuvent sauver des gens en mer, mais ils ne peuvent prendre en remorque… ça leur est interdit ! Voilà le signal de nuit de ce paquebot-poste ! Il sera là dans une demi-heure.

« — Dieu ! fis-je, et nous resplendissons ici de toutes nos lumières. Oh ! Bell, mais vous êtes stupide !

« Il dégringola de la passerelle à l'avant, tandis que je dégringolais à l'arrière, et en l'espace d'un clin d'œil nos lumières furent éteintes, l'écoutille de la machine masquée, et nous restâmes noirs comme poix, à regarder venir les lumières du courrier auquel le *Grotkau* avait fait des signaux. Il s'amenait à vingt milles à l'heure, toutes ses cabines illuminées et ses canots parés. Ce fut exécuté splendidement, et en moins d'une heure. Il stoppa comme la machine à coudre de Mme Holdock ; le passavant s'abattit, les canots descendirent, et dix minutes plus tard nous entendions l'acclamation des passagers et le navire s'éloignait.

« — Ils en parleront jusqu'à la fin de leurs jours, dit Bell. Un sauvetage de nuit en mer, aussi joli qu'à la scène. Le jeune Bannister et Calder sont au salon en train de boire, et dans six mois d'ici la chambre de commerce offrira une paire de jumelles au capitaine. C'est tout à fait philanthropique d'un bout à l'autre.

« Nous restâmes en panne jusqu'au jour — vous pouvez croire que nous l'attendions avec impatience — et nous vîmes le *Grotkau*, son nez un peu relevé, qui se fichait de nous. Il avait l'air totalement ridicule.

« — Il est en train de s'emplir par l'arrière, dit Bell ; sinon pourquoi serait-il si enfoncé de la poupe ? La queue d'arbre lui aura ouvert un trou dedans, et nous n'avons plus de canots. Il y a là trois cent mille livres, au bas mot, prêtes à se noyer sous nos yeux. Que faire ?

« Et ses coussinets chauffèrent à nouveau en une minute ; car c'est un homme sans pondération.

« — L'approcher d'aussi près que possible, dis-je. Donnez-moi une ceinture et une ligne de sauvetage, et je l'aborderai à la nage.

« Il y avait un peu de houle et dans le vent il faisait froid… très froid, mais ils avaient quitté le bord comme des passagers, le jeune Bannister et Calder avec les autres, en laissant le passavant abaissé du côté sous le vent. Négliger l'invite, ç'aurait été renier en face une providence manifeste. Nous étions à cinquante mètres quand Kinloch acheva de m'oindre d'huile à l'abri de la cuisine, et quand nous longeâmes le bâtiment, pour le sauvetage des trois cent mille livres je sautai à la mer. Mon bon, c'était froid à périr ; mais j'agis avec méthode, et en râclant la muraille j'arrivai en plein sur le caillebotis inférieur du passavant. Je ne m'y attendais pas du tout, je vous assure. Sans reprendre haleine, je m'écorchai les deux genoux sur le caillebotis et y grimpai avant le prochain coup de roulis. J'amarrai ma ligne au bastingage, et galopai à l'arrière jusqu'à la cabine du jeune Bannister, où je me séchai avec tout le contenu de sa couchette, et mis sur moi tout ce que je pus trouver en fait de vêtements pour rétablir ma circulation. Trois paires de caleçons, je me rappelle que je trouvai pour commencer… et ce n'était pas trop. Je n'ai jamais eu si froid de toute mon existence.

« Puis je m'en allai à la machine. Le *Grotkau* était, comme on dit, assis sur sa queue. Il avait un arbre d'hélice très court et sa machinerie était toute à l'arrière. Il y avait dans la salle de la machine trois ou quatre pieds d'eau noire et huileuse qui ballottaient çà et là ; cela faisait peut-être six pieds. Les portes de la chaufferie étaient fermées et boulonnées, et la chaufferie elle-même était passablement étanche ; malgré cela, pendant une minute, ce gâchis dans la salle de la machine me fit illusion. Mais rien que pour une minute, et encore parce que je n'étais pas, en manière de parler, aussi calme que d'ordinaire. Je regardai à nouveau pour me rendre compte. Cette eau noire était noire de fond de cale : de l'eau morte qui avait dû s'introduire par hasard, voyez-vous.

J'interrompis MacPhee.

— MacPhee, je ne suis qu'un passager, mais vous ne me ferez pas croire que six pieds d'eau peuvent s'introduire par hasard dans une salle de machine.

— Qui donc cherche à vous faire croire ci ou ça ? répliqua MacPhee. Je rapporte les faits en cause… les faits simples et naturels. Six ou sept pieds d'eau morte dans une chambre de machine, c'est un spectacle très inquiétant, quand on pense qu'il y en a probablement encore à venir ; mais je ne croyais pas que tel fût le cas, aussi, vous noterez, je n'étais pas inquiet.

— Tout cela est très joli, dis-je, mais je veux être renseigné au sujet de cette eau.

— Je vous l'ai déjà dit. Il y en avait là six pieds ou plus, et la casquette de Calder flottait dessus.

— D'où venait-elle ?

— Bah, dans la confusion qui dut se produire quand l'hélice se fut détachée et que la machine s'emballa et cætera, il est fort possible que Calder ait laissé tomber sa casquette et ne se soit pas donné la peine de la ramasser. Je me rappelle la lui avoir vue à Southampton.

— Ce n'est pas sur la casquette que je veux des renseignements, MacPhee. Je vous demandais d'où venait cette eau, et ce qu'elle faisait là, et pourquoi vous étiez si sûr qu'elle ne provenait pas d'une voie d'eau.

— Pour une bonne raison… pour une bonne et suffisante raison.

— Donnez-la-moi donc.

— Mais c'est une raison qui ne m'appartient pas tout à fait en propre. Pour préciser, je suis d'avis qu'elle provenait, cette eau, en partie d'une erreur de jugement chez autrui. Nous pouvons tous nous tromper.

— Ah ! je vous demande pardon. Continuez.

— Je m'en retournai au bastingage, et Bell me héla :

« — Qu'est-ce qu'il y a de cassé ?

« — Ça ira, répondis-je. Envoyez-moi une aussière, et un homme pour m'aider à gouverner. Je le halerai à bord par la ligne de sauvetage.

« Je vis des têtes osciller en avant et en arrière et j'entendis une ou deux bordées de gros mots. Alors Bell me cria :

« — Ils n'osent pas… personne… dans cette eau… sauf Kinloch, et j'ai besoin de lui.

« — Ça grossira ma part de sauvetage, répliquai-je. Je manœuvrerai en solo.

« Là-dessus un rat de magasin me dit :

« — Croyez-vous qu'il n'y ait pas de danger ?

« — Je ne vous garantis rien, que je lui réponds, sauf peut-être une tripotée pour m'avoir retenu si longtemps.

« Alors il me lance :

« — Il n'y a plus qu'une ceinture de sauvetage, et on ne la retrouve pas, ou sinon je viendrais.

« — Jetez-le à l'eau, ce galfâtre ! m'écriai-je, perdant patience.

« Et avant qu'il eût compris ce qui l'attendait, on s'empara de ce volontaire et on le balança, passé dans le double de la ligne de sauvetage. Je le halai à tour de bras sur la courbe de celle-ci… une recrue fort présentable, quand je lui eus fait rendre l'eau salée, car entre parenthèses il ne savait pas nager.

« Puis on ferla sur la ligne de sauvetage un filin de deux pouces avec une aussière au bout, et je fis passer le filin sur le tambour d'un treuil à main et halai l'aussière à bord, et nous l'amarrâmes aux bittes du *Grotkau*.

« Bell amena le *Kite* si près que je craignis de voir ce dernier, dans un coup de roulis, défoncer les tôles du *Grotkau*. Après m'avoir passé une autre ligne de sauvetage il fit marche arrière et il nous fallut recommencer toute la rude manœuvre au treuil avec une seconde aussière. Malgré tout Bell faisait bien : nous avions en perspective un long remorquage et quoique la Providence nous eût favorisés jusque-là, il était inutile d'en laisser trop à sa discrétion. Quand la seconde aussière fut amarrée, j'étais trempé de sueur, et je criai à Bell de rentrer son mou et de gagner le port. Mon auxiliaire était enclin à aider au travail surtout en demandant à boire, mais je lui déclarai tout net qu'il devait « serrer les ris et gouverner », en commençant par gouverner, car je voulais aller me reposer. Il gouverna… hum, enfin soit, il gouverna, façon de parler. Ou du moins il empoigna les manettes et les tourna d'un air sage, mais je doute que la *Tour* en sentît rien. Je me mis sur-le-champ dans la couchette du jeune Bannister et dormis à poings fermés. Je m'éveillai avec une faim dévorante. Une belle houle courait sur la mer, le *Kite* filait ses quatre milles à l'heure, et le *Grotkau* plaquait son nez dans les lames, tout en déviant et embardant à discrétion. Il se laissait remorquer de bien mauvaise grâce. Mais le plus honteux ce fut la nourriture. En râflant les tiroirs de la cuisine et des offices ainsi que les placards du carré, je me composai un repas que je n'aurais pas osé offrir au second d'un charbonnier de Cardiff ; et on dit pourtant, vous le savez, qu'un second de Cardiff mangerait du mâchefer pour épargner l'étoupe. Je vous affirme que c'était tout bonnement ignoble ! Les matelots, eux, avaient écrit ce qu'ils en pensaient sur la peinture fraîche du gaillard d'avant, mais je n'avais personne de convenable à qui me plaindre. Je n'avais rien d'autre à faire que de surveiller les aussières et le derrière du *Kite* qui s'épatait dans l'écume quand le bateau s'enlevait à la lame ; aussi je donnai de la vapeur à la servo-pompe arrière, et vidai la chambre de la machine. Il est inutile de laisser de l'eau en liberté sur un bateau. Quand elle fut asséchée, je descendis dans le tunnel de l'arbre d'hélice et découvris qu'il y avait une petite voie d'eau à travers le presse-étoupe, mais rien qui pût faire de la besogne. Selon mes prévisions l'hélice s'était détachée et Calder avait attendu l'événement la main sur son régulateur. Il me l'a raconté quand je l'ai revu à terre. A part cela il n'y avait rien de dérangé ni de cassé. Elle avait juste glissé au fond de l'Atlantique, aussi tranquillement qu'un homme qui meurt en étant prévenu… chose très providentielle pour tous ceux qu'elle concernait. Puis je passai en revue les œuvres mortes du *Grotkau*. Les canots avaient été broyés sur leurs portemanteaux, la lisse manquait par endroits, une manche à air ou deux avaient fichu le camp, et la rambarde de la passerelle était tordue par les lames ; mais les écoutilles restaient étanches, et le bâtiment n'avait aucun mal. Pardieu, j'en vins à le haïr comme un être humain, car je passai à son bord huit jours à me morfondre, crevant la faim… oui, littéralement… à une encâblure de l'abondance. Du matin au soir je restai dans la couchette à lire *le Misogyne*, le plus beau livre qu'ait jamais écrit Charlie Reade, et à me curer les dents. C'était assommant au suprême degré. Huit jours, mon cher, que je passai à bord du *Grotkau*, et je n'y mangeai pas une seule fois à ma faim. Rien d'étonnant si son équipage ne voulait plus y rester. Mon auxiliaire ? Oh ! je le faisais turbiner pour le maintenir en forme. Je le faisais turbiner pour deux.

« Cela se mit à souffler quand nous arrivâmes sur les sondes, ce qui me força de rester auprès des aussières, amarré au cabestan et respirant entre les coups de mer. Je faillis mourir de froid et de faim, car le *Grotkau* remorquait tel un chaland, et Bell le halait à travers tout. Il y avait beaucoup de brume dans la Manche, d'ailleurs. Nous avions le cap à terre pour nous guider sur un phare ou l'autre, et nous faillîmes passer sur deux ou trois bateaux pêcheurs, qui nous crièrent que nous étions tout près de Falmouth. Alors nous fûmes quasi coupés en deux par un ivrogne de transport de fruits étranger qui se fourvoyait entre nous et la côte, et la brume s'épaissit de plus en plus cette nuit-là, et je m'apercevais à la remorque que Bell ne savait plus où il était. Fichtre, nous le sûmes au matin, car le vent souffla le brouillard comme une chandelle, et le soleil se dégagea, et aussi sûr que MacRimmon m'a donné mon chèque, l'ombre du phare d'Eddystone se projetait en travers de notre grelin de remorque ! Nous étions près… ah ! ce que nous étions près ! Bell fit virer le *Kite* avec une secousse qui faillit emporter les bittes du *Grotkau*, et je me souviens d'avoir remercié mon Créateur dans la cabine du jeune Bannister quand nous fûmes en dedans du brise-lames de Plymouth.

« Le premier à monter à bord fut MacRimmon avec Dandie. Vous ai-je dit que nos ordres étaient de ramener à Plymouth tout ce que nous trouverions ? Le vieux diable venait juste d'arriver la veille au soir, en tirant ses déductions de ce que Calder lui avait dit lorsque le courrier eut débarqué les gens du *Grotkau*. Il avait exactement calculé notre horaire. Je venais de héler Bell pour avoir quelque chose à manger, et quand le vieux vint nous rendre visite il m'envoya ça dans le même canot que MacRimmon. Il riait et se tapait sur les cuisses et faisait jouer ses sourcils pendant que je mangeais. Il me dit :

« — Comment nourrissent-ils leurs hommes, Holdock, Steiner et Chase ?

« — Vous le voyez, dis-je, en faisant sauter le bouchon de ma seconde bouteille de bière. Je n'ai pas pris goût à être affamé, MacRimmon.

« — Ni à nager, dit-il, car Bell lui avait conté comment j'avais porté la ligne à bord. Bah ! je pense que vous n'y perdrez pas. Quel fret aurions-nous pu mettre dans le *Lammerguyer* qui eût égalé un sauvetage de quatre cent mille livres… bâtiment et cargaison ? hein, MacPhee ? Ceci tranche dans le vif à Holdock, Steiner et Chase et Cᵢᵉ Limited, hein, MacPhee ? Et je souffre encore de démence sénile, hein, MacPhee ? Et je ne suis pas fou, dites, avant de commencer à peindre le *Lammerguyer*, hein, MacPhee ? Tu peux bien lever la patte, Dandie ! C'est moi qui ris d'eux tous… Vous avez trouvé de l'eau dans la chambre de la machine ?

« — Pour parler sans ambages, répliquai-je, il y avait de l'eau.

« — Quand l'hélice est partie, ils ont cru que le bâtiment coulait. Il s'emplissait avec une rapidité extraordinaire. Calder a dit que ça le chagrinait comme Bannister de l'abandonner.

« Je songeai au dîner de chez Radley, et au genre de nourriture que j'avais mangé pendant huit jours. Je repris :

« — Ça devait joliment le chagriner.

« — Mais l'équipage ne voulait pas entendre parler de rester et de courir la chance. Ils ont dit qu'ils auraient préféré crever de faim, et sont partis du premier au dernier.

« — C'est en restant qu'ils auraient crevé de faim, dis-je.

« — Je suppose, d'après le récit de Calder, qu'il y a eu quasi une révolte.

« — Vous en savez plus que moi, MacRimmon, dis-je. Pour parler sans ambages, car nous sommes tous du même bateau, qui donc a ouvert les prises d'eau à la cale ?

« — Oh ! vraiment… pas possible ? fit le vieux, indéniablement étonné. Une prise d'eau à la cale, dites-vous ?

« — Je suppose que c'était une prise d'eau. Elles étaient toutes fermées quand je suis monté à bord, mais quelqu'un a inondé la machine sur une hauteur de deux mètres cinquante et a refermé ensuite par la commande à roue striée du second panneau.

« — Fichtre ! dit MacRimmon. Cet homme est d'une incroyable iniquité. Mais ce serait terriblement déshonorant pour Holdock, Steiner et Chase, si cela venait à se savoir au procès.

« — Voilà bien ma curiosité, repris-je.

« — Ah oui, Dandie est affligé de la même maladie. Dandie, lutte donc contre la curiosité, car elle fait tomber les petits chiens dans les pièges et autres choses semblables. Où était le *Kite* quand ce courrier peinturluré a emmené les gens du *Grotkau* ?

« — Dans les mêmes parages, dis-je.

« — Et lequel de vous deux a songé à masquer vos feux ? dit-il en clignant de l'œil.

« — Dandie, fis-je en m'adressant au chien, nous devons tous les deux lutter contre la curiosité. C'est une chose qui ne profite pas. Quelle est notre part de sauvetage, Dandie ?

« MacRimmon riait à s'étouffer. Il reprit :

« — Prenez ce que je vous donnerai, MacPhee, et contentez-vous-en. Seigneur, comme on perd du temps quand on devient vieux ! Allez à bord du *Kite*, mon ami, le plus tôt possible. J'oubliais complètement qu'il y a un affrètement de Baltique qui vous attend à Londres. Ce sera votre dernier voyage, je pense, sauf pour votre plaisir.

« Les hommes de Steiner arrivaient à bord pour prendre la manœuvre du bateau et l'emmener à quai. En me rendant au *Kite* je dépassai un canot où était le jeune Steiner. Il baissa le nez ; mais MacRimmon me lance :

« — Voici celui à qui vous devez le *Grotkau*... à bon compte, Steiner... à bon compte. Permettez-moi de vous présenter M. MacPhee. Vous l'avez peut-être déjà rencontré ; mais vous n'avez pas de veine en ce qui est de garder vos gens... à terre ou sur mer.

« A voir la colère du jeune Steiner, on aurait cru qu'il allait manger MacRimmon, lequel ricanait et sifflait de son vieux gosier aride.

« — Vous ne tenez pas encore votre prime ! dit Steiner.

« — Non, non, dit le vieux avec un glapissement qu'on aurait pu entendre du Hoe, mais j'ai deux millions sterling et pas d'enfants, si vous voulez vous mesurer avec moi, espèce de youpin ; et je mise livre pour livre jusqu'à ma dernière livre. Vous me connaissez, Steiner ? Je suis MacRimmon de la maison MacNaughton et MacRimmon !

« — Pardieu, ajouta-t-il entre ses dents, une fois rassis dans le canot, j'ai attendu quatorze ans pour abattre cette firme de Juifs, et Dieu soit loué, j'y suis parvenu.

« Le *Kite* se trouvait dans la Baltique tandis que le vieux opérait ; mais je sais que les experts estimèrent le *Grotkau*, tout compte fait, à trois cent soixante mille livres — son manifeste était un coup de fortune — et que MacRimmon en reçut un tiers, pour sauvetage d'un navire abandonné. Voyez-vous, il y a une énorme différence entre remorquer un bateau avec un équipage et recueillir un navire abandonné... une énorme différence... en livres sterling. De plus, deux ou trois hommes de l'équipage du *Grotkau* brûlaient de déposer au sujet de la nourriture, et il existait une note de Calder à la compagnie, concernant l'arbre d'hélice, qui aurait été fort gênante pour eux si on l'avait produite aux débats. Ils ne s'avisèrent pas de lutter.

« Puis le *Kite* revint et MacRimmon nous régla lui-même, moi, Bell et le reste de l'équipage, au prorata, je crois que ça s'appelle. Ma part... notre part, pour mieux dire... fut juste de vingt-cinq mille livres.

A ce moment Janet se leva d'un bond et courut l'embrasser.

— Vingt-cinq mille livres. Or je suis un homme du Nord, et je ne suis pas de ceux qui jettent l'argent par les fenêtres, mais je donnerais bien quand même six mois de ma solde… cent vingt livres… pour savoir qui a inondé la chambre de la machine du *Grotkau*. Je connais trop le caractère de MacRimmon, et il n'a pas eu de part là dedans. Ce n'est pas Calder, car je lui ai posé la question et il a voulu me boxer. Ç'aurait été chez Calder un trop grand manque de conscience professionnelle… pas de boxer, mais d'ouvrir les prises d'eau à la cale… malgré cela j'ai cru un moment que c'était lui. Oui, je pensais que c'était lui… sous le coup de la tentation.

— Quelle est votre hypothèse ? demandai-je.

— Eh bien, je croirais volontiers que ce fut là une de ces interventions de la Providence qui nous rappellent que nous sommes entre les mains des Puissances supérieures.

— La prise d'eau ne pouvait pas s'ouvrir et se refermer toute seule ?

— Ce n'est pas ce que je veux dire ; mais un graisseur à demi affamé, ou peut-être un homme de renfort, a dû l'ouvrir un moment pour être sûr de quitter le *Grotkau*. C'est démoralisant de voir une salle de machine s'inonder après un accident à l'hélice… démoralisant et trompeur à la fois. Eh bien ! l'homme a obtenu ce qu'il voulait, car ils sont partis à bord du courrier en s'écriant que le *Grotkau* sombrait. Mais il est curieux de songer aux conséquences. En toute vraisemblance humaine, il est à l'heure actuelle maudit avec ensemble à bord d'un autre cargo ; et me voilà ici, moi, avec vingt-cinq mille livres placées, résolu à ne plus naviguer… providentiel, c'est le mot exact… sauf comme passager, tu comprends, Janet.

······· ·········· ···

MacPhee tint parole. Avec Janet, il s'en alla faire un voyage en qualité de passager dans le salon de première classe. Ils payèrent leur place soixante-dix livres ; mais Janet trouva une femme très malade dans le salon de seconde classe, si bien que durant seize jours elle vécut en bas, à bavarder avec la femme de chambre au pied de l'escalier des secondes, tandis que sa malade dormait. MacPhee resta passager tout juste vingt-quatre heures. Puis le mess des mécaniciens — où sont les tables à toile cirée — le reçut joyeusement dans son sein, et durant le reste du voyage cette compagnie-là bénéficia des services bénévoles d'un mécanicien des plus qualifiés.

L'HONNEUR DU SOLDAT ORTHERIS

La fournée d'automne de recrues destinées au Vieux Régiment venait de débarquer. Comme d'habitude on disait que c'était la pire classe qui fût jamais venue du dépôt. Mulvaney jeta un coup d'œil sur les dites recrues, poussa un grognement de mépris, et se fit porter aussitôt très malade.

— C'est la fièvre d'automne coutumière ? lui dit le major, familiarisé avec les façons de Térence. Votre température est normale.

— Ce sont ces cent trente-sept bleus de malheur, monsieur le major. Je ne suis pas encore très malade, mais je serai mort si l'on me jette ces gars à la tête dans mon état de faiblesse actuelle. Mon Dieu, monsieur le major, supposez que vous ayez à soigner trois camps de cholériques…

— Allez donc à l'hôpital, vieux farceur, lui dit le major, en riant.

Térence s'affubla d'une robe de chambre bleue — Dinah Shadd[25] était au loin, à soigner la femme d'un major qui préférait Dinah sans un diplôme à toute autre avec cent — et, la pipe au bec, se pavana sur le balcon de l'hôpital, en exhortant Ortheris à se montrer un père pour les nouvelles recrues. Il lui dit avec un ricanement :

[25] L'épouse de Mulvaney.

— Ils sont pour la plupart de ton espèce, petit homme : la fine fleur de Whitechapel. Je les interrogerai quand ils ressembleront un peu plus à ce qu'ils ne seront jamais… je veux dire un bon et honnête soldat comme moi.

Ortheris poussa un jappement d'indignation. Il savait aussi bien que Térence ce que signifiait la besogne à venir, et il estimait abjecte la conduite de Térence. Puis il s'en alla jeter un coup d'œil au nouveau bétail, qui ouvrait de grands yeux ébahis devant le paysage exotique, et demandait si les vautours étaient des aigles et les chiens pariahs des chacals.

— Vrai, vous m'avez tout l'air de fameux lascars, vous autres, dit-il avec rondeur à un petit groupe de « bleus », dans la cour de la caserne. (Puis, les passant en revue :) Andouilles et mollusques, voilà à peu près votre genre. Dieu me bénisse, ne nous a-t-on pas envoyé aussi des Juifs aux yeux roses, Moïse, toi le type à la tête de lard, c'était un Salomon, ton père ?

— Je me nomme Anderson, répondit une voix intimidée.

— Ah oui, Samuelson ! Parfait, Samuelson ! Et combien de tes pareils de youpins sont venus gâter la compagnie B ?

Il n'y a pas de mépris plus complet que celui de l'ancien soldat pour le nouveau. Il est juste qu'il en soit ainsi. Une recrue doit apprendre d'abord qu'elle n'est pas un homme mais une chose, laquelle, en son temps, et par la grâce du Ciel, deviendra un soldat de la Reine si elle prend soin d'obéir aux bons avis. Ortheris avait sa tunique déboutonnée, son calot incliné sur un œil, et il marchait les mains derrière le dos, se faisant plus dédaigneux à chaque pas. Les bleus n'osaient pas répliquer, car eux qui s'étaient appelés soldats au dépôt dans la confortable Angleterre, n'étaient plus ici que de nouveaux élèves dans une école étrangère.

— Pas une seule paire d'épaules dans tout le tas. J'ai déjà vu de mauvaises classes… de fichument mauvaises classes ; mais celle-ci dame le pion à toutes. Jock, viens voir ces espèces d'empotés de pieds-bots.

Learoyd traversait la cour. Il arriva lentement, décrivit un cercle autour du rassemblement, telle une baleine autour d'un banc de menu fretin, ne dit rien, et s'en alla en sifflant.

— Oui, vous pouvez bien prendre un air piteux, grinçait Ortheris aux gars. Ce sont des gens comme vous qui brisent le cœur des gens comme nous. Il nous faut vous lécher jusqu'à vous donner forme, sans jamais recevoir un sou de supplément pour ça, et vous n'êtes jamais contents non plus. N'allez pas vous figurer que c'est le colonel ni même l'officier de compagnie qui vous fait. C'est nous, tas de bleusards… tas de fichus bleusards !

Vers la fin de ce discours, un officier de compagnie, qui était arrivé sans bruit derrière Ortheris, lui dit tranquillement :

— Vous avez peut-être raison, Ortheris, mais à votre place je ne le crierais pas si haut.

Les recrues ricanèrent, tandis qu'Ortheris saluait, tout penaud.

Quelques jours plus tard, j'eus le privilège de jeter un coup d'œil sur les nouvelles recrues. Elles étaient encore au-dessous des prévisions d'Ortheris. Quarante ou cinquante d'entre elles déshonoraient la compagnie B, et la façon dont celle-ci manœuvrait à l'exercice était un spectacle à faire frémir. Ortheris leur demanda affectueusement si on ne les avait pas envoyés par erreur outre-mer, et s'ils ne feraient pas bien d'aller retrouver leurs amis. Learoyd les étrillait méthodiquement l'un après l'autre, sans hâte mais sans rémission, et les autres soldats prenaient les restes de Learoyd et s'exerçaient sur eux de leur mieux. Mulvaney restait à l'hôpital, et grimaçait du haut du balcon lorsque Ortheris le traitait de lâcheur et autres noms pires.

— Par la grâce de Dieu, nous finirons par en faire des hommes, dit un jour Térence. Sois vertueux et persévère, mon fils. Il y a de quoi faire des colonels dans cette racaille si nous allons assez à fond… à coups de ceinturon.

— Nous ! répliqua Ortheris, trépignant de rage. Tu en as de bonnes avec tes « nous ». La compagnie B manœuvre à cette heure comme un régiment de miliciens saouls.

— On m'en a déjà avisé officiellement, répondit-on d'en haut ; mais je suis trop malade ce coup-ci pour m'en assurer par moi-même.

— Dis donc, gros Irlandais, qui fais le fainéant là-haut à t'empiffrer d'arrow-root et de sagou…

— Et de porto… tu oublies le porto, Ortheris, ce n'est pas le plus mauvais.

Et Térence de se lécher les babines d'un air narquois.

— Alors que nous nous esquintons tous avec ces… kangourous. Sors donc de là, et gagne ta solde. Descends de là, et fais quelque chose, au lieu de grimacer là-haut comme un singe juif, espèce de sale tête de fenian[26].

[26] Membre du *sinn-fein*, société secrète irlandaise.

— Quand je serai guéri de mes diverses maladies, j'aurai un petit entretien particulier avec toi. En attendant… gare !

Térence lança une fiole pharmaceutique vide à la tête d'Ortheris, et se laissa retomber dans une chaise longue, et Ortheris vint m'exposer par trois fois son opinion sur Mulvaney… chaque fois en des termes entièrement inédits.

— Il y aura de la casse un de ces jours, conclut-il. Bah ! ce n'est pas de ma faute, mais c'est dur pour la compagnie B.

C'était très dur pour la compagnie B, car vingt vétérans ne peuvent mettre au pas deux fois ce nombre de niguedouilles et se maintenir eux-mêmes au pas. On aurait dû distribuer les recrues dans le régiment avec plus d'équité, mais le colonel trouvait bon de les masser en une compagnie où il y avait une bonne proportion d'anciens soldats. Il en fut récompensé un matin, de bonne heure, où le bataillon s'avançait par échelons de compagnie en partant de la droite. L'ordre fut donné de former les carrés de compagnie, qui sont des petits blocs d'hommes compacts, auxquels une ligne de cavalerie qui charge n'aime pas du tout de se frotter. La compagnie B était sur le flanc gauche et avait tout le temps de savoir ce qui se passait. Pour cette raison, probablement, elle s'amalgama en quelque chose d'analogue à un buisson d'aloès flétri, dont les baïonnettes pointaient dans toutes les directions possibles et imaginables, et elle garda cette forme de buisson, ou de bastion informe, jusqu'au moment où la poussière se fut abattue et où le colonel put voir et parler. Il fit les deux, et la partie oratoire fut reconnue par le régiment comme le plus beau chef-d'œuvre où le vieux eût jamais atteint depuis ce jour exquis où, à un combat simulé, une division de cavalerie trouva moyen de passer sur le ventre à sa ligne d'éclaireurs. Il déclara, quasi en pleurant, qu'il n'avait pas donné l'ordre de former des groupes, et qu'il aimait voir un peu d'alignement çà et là parmi les hommes. Il s'excusa ensuite d'avoir pris par erreur la compagnie B pour des hommes. Elle n'était, dit-il, composée que de frêles petits enfants, et comme il ne pouvait leur offrir à chacun une petite voiture et une nourrice (ceci peut sembler comique à lire, mais la compagnie B l'entendit de ses oreilles et sursauta), ils n'avaient apparemment rien de mieux à faire que de retourner à l'école de section. Dans ce but il se proposait de les envoyer, en dehors de leur tour, en garnison au fort Amara, à huit kilomètres de distance — la compagnie D, qui était la prochaine désignée pour ce service odieux, faillit acclamer le colonel. Il espérait sincèrement qu'une fois là, leurs gradés viendraient à bout de les dresser jusqu'à la mort, puisqu'ils ne servaient à rien dans leur vie actuelle.

Ce fut une scène excessivement pénible. Quand l'exercice fut terminé et les hommes libres de s'entretenir, je me hâtai de m'approcher du quartier de la compagnie B. Il n'y eut tout d'abord pas d'entretien, car chaque ancien soldat prit un bleu et le rossa très solidement. Les sous-offs n'eurent pour ces incidents ni yeux ni oreilles. Ils laissèrent les casernes à elles-mêmes, et Ortheris améliora la situation par un laïus. Je n'entendis pas ce laïus, mais on en citait encore des bribes plusieurs semaines plus tard. Il concernait l'origine, la parenté et l'éducation de chaque homme de la compagnie désigné nominalement ; il donnait une description complète du fort Amara, du double point de vue hygiénique et social ; et il se terminait par un extrait des devoirs généraux du soldat : quel est le rôle des bleus dans la vie, et le point de vue d'Ortheris sur le rôle et le sort des recrues de la compagnie B.

— Vous ne savez pas manœuvrer, vous ne savez pas marcher, vous ne savez pas tirer… bande de bleusards ! A quoi servez-vous donc ? Vous mangez et vous dormez, et puis vous remangez et vous allez trouver le major pour avoir des médicaments quand vos boyaux sont détraqués, tout comme si vous étiez, n. d. D., des généraux. Et maintenant vous avez mis le comble à tout, tas de bougres aux yeux de chauves-souris, en nous faisant partir pour cette ordure de fort Amara. Nous vous fortifierons quand nous serons là-bas ; oui, et solidement encore. Ne croyez pas que vous êtes venus à l'armée pour boire de l'eau purgative, encombrer la compagnie et rester couchés sur vos lits à gratter vos têtes de lard. Vous pouviez faire ça chez vous en vendant des allumettes, ce qui est tout ce dont vous êtes capables, tas d'ouvreurs de portières, marchands de jouets d'un sou et de lacets de bottines, rabatteurs louches, hommes-sandwiches ! Je vous ai parlé aussi bien que je sache, et vous donne bon avis, parce que si Mulvaney cesse de tirer au flanc… s'il sort de l'hôpital… quand vous serez au fort, je gage que vous regretterez de vivre.

Telle fut la péroraison d'Ortheris, et elle fit donner à la compagnie B le nom de Brigade des Cireurs de Bottes. Leurs piètres épaules chargées de cette honte, ils se rendirent au fort Amara en service de garnison, avec leurs officiers, qui avaient reçu l'ordre de leur serrer la vis. Le métier militaire, à la différence de toute autre profession, ne peut s'enseigner au moyen de manuels à un shilling. D'abord on doit souffrir, puis on doit apprendre et son métier, et le sentiment de dignité que procure cette connaissance. La leçon est dure, dans un pays où le militaire n'est pas un personnage en rouge, qui arpente la rue pour se faire regarder, mais une réalité vivante et cheminante, dont on peut avoir besoin dans le plus bref délai, alors qu'on n'a pas le temps de dire : « Ne vaudrait-il pas mieux ? » et « Voudriez-vous, je vous prie ? »

Les trois officiers de la compagnie exerçaient à tour de rôle. Quand le capitaine Brander était fatigué, il passait le commandement à Maydew, et quand celui-ci était enroué il transmettait au sous-lieutenant Ouless la tâche de seriner aux hommes l'école de section et celle de compagnie jusqu'à ce que Brander pût reprendre. En dehors des heures d'exercice les anciens soldats parlaient aux recrues comme il convient à des vétérans, et sous l'action des quatre forces à l'œuvre sur eux, les hommes de la nouvelle classe commençaient à se tenir sur leurs pieds et à sentir qu'ils appartenaient à une arme honorable. Ceci fut démontré par ce qu'une ou deux fois ils se regimbèrent contre les conférences techniques d'Ortheris.

— Laisse tomber ça, mon gars, lui dit Learoyd en venant à la rescousse. Les loupiots se rebecquent. Ils ne sont pas aussi mauvais que nous le pensions.

— Ah ! oui. Vous vous croyez maintenant des soldats, parce que vous ne tombez plus l'un sur l'autre à l'exercice, n'est-ce pas ? Vous croyez que parce que la poussière ne vous encrasse pas d'un bout de la semaine à l'autre, vous êtes des gens propres. Vous croyez que parce que vous savez tirer votre flingot sans fermer les deux yeux, vous êtes capable de vous battre, n'est-ce pas ? Vous verrez ça plus tard, dit Ortheris à la chambrée en général. Non que vous ne valiez pas un peu mieux qu'au début, ajouta-t-il avec un geste aimable de son brûle-gueule.

Ce fut durant cette période de transition que je rencontrai une fois de plus la nouvelle classe. Les officiers, oubliant, dans le zèle de la jeunesse, que les anciens soldats qui encadraient les sections devaient souffrir également d'avoir ce matériel brut à forger, les avaient rendus tous un peu aplatis et mal en train, à force de les exercer sans cesse dans la cour, au lieu de faire marcher les hommes en plein champ et de leur faire faire du service en campagne. Le mois de service de garnison au fort était presque terminé, et la compagnie B était tout à fait capable de manœuvrer avec un régiment qui se respectait à moitié. Ils manquaient encore d'élégance et de souplesse — cela viendrait en son temps — mais dès à présent ils étaient passables. Un jour je rencontrai

Maydew et m'informai de leur santé. Il me dit que le jeune Ouless était cet après-midi-là en train de donner le coup de fion à une demi-compagnie d'entre eux dans la grande cour près du bastion est du fort. Comme il était samedi je sortis pour savourer la beauté plénière de l'oisiveté en regardant d'autres hommes peiner dur.

Sur le bastion est, les canons trapus de quarante livres se chargeant par la culasse faisaient un lit de repos très convenable. On pouvait s'étaler de tout son long sur le fer échauffé à la température du sang par le soleil d'après-midi et découvrir une bonne vue du terrain d'exercice qui s'étendait entre la poudrière et la courtine du bastion.

Je vis arriver une demi-compagnie commandée pour l'exercice, puis Ouless sortit de son quartier en achevant d'ajuster ses gants, et j'entendis le premier « … tion ! » qui stabilise les rangs et montre que le travail a commencé. Alors je m'évadai en mes propres pensées : le grincement des bottes et le claquement des fusils leur faisait un bon accompagnement, et la ligne de vestes rouges et de pantalons noirs un arrière-plan convenable. Je songeais à la formation d'une armée territoriale pour l'Inde… une armée d'hommes à solde spéciale, enrôlés pour vingt ans de service dans les possessions indiennes de Sa Majesté, avec faculté de s'appuyer sur des certificats médicaux pour obtenir une prolongation de cinq ans, et une pension assurée au bout. Cela ferait une armée comme on n'en avait jamais vu… cent mille hommes entraînés recevant d'Angleterre chaque année cinq, non, quinze mille hommes, faisant de l'Inde leur patrie, et autorisés, bien entendu, à se marier. Oui, pensais-je, en regardant la ligne d'infanterie évoluer çà et là, se scinder et se reformer, nous rachèterions Cachemir à l'ivrogne imbécile qui en fait un enfer, et nous y établirions nos régiments des plus mariés — les hommes qui auraient servi dix ans de leur temps — et là ils procréeraient des soldats blancs, et peut-être une réserve de combattants Eurasiens[27]. Cachemir en tout cas était le seul pays de l'Inde que les Anglais pussent coloniser, et, si nous prenions pied là, nous pourrions…

[27] Métis d'Européen et d'Asiatique.

Oh ! c'était un beau rêve ! Je laissai loin derrière moi cette armée territoriale forte d'un quart de million d'hommes, poussai de l'avant jusqu'à une Inde autonome, louant des cuirassés à la mère-patrie, gardant Aden d'une part et Singapour de l'autre, payant l'intérêt de ses emprunts avec une régularité admirable, mais n'empruntant pas d'hommes d'au delà de ses frontières propres… une Inde colonisée, manufacturière, avec un budget toujours en excédent et son pavillon à elle. Je venais de m'introniser moi-même comme vice-roi, et, en vertu de ma fonction, venais d'embarquer quatre millions de vigoureux et entreprenants indigènes, à destination de l'archipel malais où l'on demande toujours de la main-d'œuvre et où les Chinois se répandent trop vite, quand je m'aperçus que les choses n'allaient pas tout droit pour la demi-compagnie. Il y avait beaucoup trop de traînement de pieds, d'évolutions et de « au temps ». Les sous-offs harcelaient leurs hommes, et je crus entendre Ouless appuyer un de ses ordres d'un juron. Il n'était pas autorisé à le faire, vu que c'était un cadet qui n'avait pas encore appris à émettre deux fois de suite ses commandements sur le même diapason. Tantôt il glapissait, et tantôt il grondait ; et une voix claire et sonore, douée d'un accent mâle, a plus d'influence sur la manœuvre qu'on ne le pense. Il était nerveux aussi bien à l'exercice qu'au mess, parce qu'il avait conscience de n'avoir pas encore fait ses preuves. L'un de ses chefs de bataillon avait dit en sa présence :

— Ouless a encore à faire peau neuve une fois ou deux et il n'a pas l'intelligence de s'en apercevoir.

Cette remarque était restée dans l'esprit d'Ouless, et elle le faisait réfléchir sur lui-même dans les petites choses, ce qui n'est pas le meilleur entraînement pour un jeune homme. Au mess il s'efforçait d'être cordial, et devenait trop expansif. Alors il s'efforçait de s'enfermer dans sa dignité, et se montrait morne et bourru. Il ne faisait que chercher le juste milieu et la note exacte, et n'avait trouvé ni l'un ni l'autre, parce qu'il ne s'était jamais vu en face d'une grande circonstance. Avec ses hommes il était aussi mal à l'aise qu'avec ses collègues du mess, et sa voix le trahissait. Je l'entendis lancer deux ordres, et ajouter :

— Sergent, que fait donc cet homme du dernier rang, n. d. D. ?

C'était passablement mauvais. Un officier de compagnie ne doit jamais demander de renseignement aux sergents. Il commande, et les commandements ne sont pas confiés à des syndicats.

Il y avait trop de poussière pour distinguer nettement la manœuvre, mais je pouvais entendre la grêle voix irritée du sous-lieutenant s'élever d'une octave à l'autre, et le frisson de mécontentement des files excédées ou de mauvaise humeur courir le long des rangs. Ouless était venu à l'exercice aussi dégoûté de son métier que les hommes l'étaient du leur. Le soleil ardent avait influé sur l'humeur de tous, mais surtout sur celle du plus jeune. Il avait d'évidence perdu la maîtrise de lui-même, et comme il ne possédait pas l'énergie ou l'art de s'abstenir jusqu'à ce qu'il l'eût recouvrée, il faisait de mal en pis par ses gros mots.

Les hommes se déplacèrent sur le terrain et arrivèrent plus près sous le canon qui me servait de canapé. Ils exécutaient un quart de conversion à droite, et ils l'exécutaient fort mal, dans l'espoir naturel d'entendre Ouless jurer à nouveau. Il ne pouvait rien leur apprendre de neuf, mais sa colère les amusait.

Au lieu de jurer Ouless perdit tout à fait la tête, et d'un geste impulsif lança au serre-file de la conversion un coup de la petite cravache en jonc de Malacca qu'il tenait à la main en guise de baguette. Cette cravache avait sur sa laque un pommeau d'argent mince, et l'argent par suite de l'usure s'était déchiré en un endroit, laissant dépasser une languette triangulaire. J'avais à peine eu le temps de comprendre qu'en frappant un soldat Ouless venait de se dépouiller de son grade, lorsque j'entendis la déchirure du drap et vis sur l'épaule de l'homme un bout de chemise grise apparaître sous l'écarlate déchirée. Le coup n'avait été que le simple réflexe nerveux d'un gamin exaspéré, mais il suffisait amplement à compromettre le grade du sous-lieutenant, puisqu'il avait été porté, dans une minute de colère, à un homme qui, d'après les règlements de l'armée, ne pouvait lui répliquer. L'effet du geste, grâce à la perversité naturelle des choses, était le même que si Ouless eût arraché l'habit du dos de cet homme. Connaissant de réputation la nouvelle classe, j'étais bien certain que tous jusqu'au dernier jureraient leurs grands dieux qu'Ouless avait positivement rossé l'homme. Auquel cas Ouless n'aurait plus qu'à faire ses malles. Sa carrière de serviteur de la Reine sous un grade quelconque avait pris fin. La conversion s'acheva, et les hommes firent halte et s'alignèrent aussitôt devant mon canapé. Le visage d'Ouless était entièrement livide. Le serre-file était pourpre, et je vis ses lèvres mâchonner des gros mots. C'était Ortheris ! Avec sept ans de service et trois médailles, avoir été frappé par un gamin plus jeune que lui ! En outre c'était mon ami et un homme de bien, un homme éprouvé, et un Anglais. La honte de cet incident me donnait chaud comme elle donnait froid à Ouless, et si Ortheris avait glissé une cartouche dans son arme et réglé le compte aussitôt, je m'en serais réjoui. Le fait qu'Ortheris, entre tous, avait été frappé, démontrait que le gamin ne s'était pas rendu compte de la personnalité de celui qu'il frappait ; mais il aurait dû se souvenir qu'il n'était plus un gamin. Je fus alors fâché pour lui, et puis la colère me reprit de nouveau, tandis qu'Ortheris regardait fixement devant lui et devenait de plus en plus rouge.

La manœuvre cessa provisoirement. Personne ne sut pourquoi, car l'insulte n'avait même pu être vue de trois hommes : la conversion tournait le dos à Ouless tout le temps. Alors, amené, je pense, par la main de la Fatalité, le capitaine Brander traversa le terrain de manœuvre, et son regard fut attiré par un bon pied carré de chemise grise apparaissant sur une omoplate qui eût dû être recouverte d'une tunique bien ajustée.

— Ciel et terre ! fit-il, traversant en trois enjambées. Laissez-vous vos hommes venir à l'exercice en haillons, lieutenant ? Que fait ici cet épouvantail à moineaux ? Sortez des rangs, le serre-file. Qu'est-ce que ça signifie… Vous, Ortheris, entre tous ! Que diable avez-vous fait ?

— 'Mande pardon, mon capitaine, dit Ortheris. Je me suis éraflé contre la grille du corps de garde en accourant à l'exercice.

— Vous vous êtes éraflé ! Arraché, voulez-vous dire. Le morceau vous pend jusqu'au milieu du dos.

— Ce n'était d'abord qu'une petite déchirure, mon capitaine, et… et je ne peux pas voir derrière moi. Je l'ai sentie s'agrandir, mon capitaine.

— Hum ! fit Brander. Je pense bien que vous l'avez sentie s'agrandir. Je pensais que c'était quelqu'un de la nouvelle classe. Vous avez une belle paire d'épaules. Suffit.

Le capitaine alla pour s'éloigner. Ouless le suivit, très pâle, et lui dit quelques mots à voix basse.

— Hein, quoi ? Quoi ? Ortheris…

Il baissa la voix. Je vis Ortheris saluer, dire quelque chose, et rester au port d'armes.

— Rompez les rangs, dit Brander, brièvement.

Les hommes se dispersèrent.

— Je n'y comprends rien. Vous dites que…?

Et il adressa un signe de tête à Ouless, qui lui dit de nouveau quelque chose. Ortheris restait immobile : le lambeau de sa tunique lui retombait presque jusqu'à son ceinturon. Il avait, comme disait Brander, une belle paire d'épaules, et s'enorgueillissait de sa tunique bien collante. Je l'entendis dire :

— 'Mande pardon, mon capitaine, mais je pense que mon lieutenant est resté trop longtemps au soleil. Il ne se rappelle plus bien les choses, mon capitaine. Je suis venu à l'exercice avec un bout de déchirure, et elle s'est agrandie, mon capitaine, à force de porter armes, comme je vous l'ai dit, mon capitaine.

Brander regardait alternativement les deux visages, et je pense que son opinion fut faite, car il dit à Ortheris de rejoindre les autres hommes qui refluaient vers les casernes. Puis il parla à Ouless et s'en alla, laissant le gamin au milieu du terrain d'exercices, tiraillant le nœud de son épée.

Le sous-lieutenant leva les yeux, me vit étendu sur le canon, et vint à moi en mordillant le bout de son index ganté, si complètement démoralisé qu'il n'eut même pas l'intelligence de garder son trouble pour lui.

— Dites, vous avez vu ça, je suppose ?

D'un signe de tête en arrière il désigna la cour, où la poussière laissée par les hommes qui s'éloignaient se déposait en cercles blanchâtres.

— J'ai vu, répondis-je, car je me sentais peu enclin à la politesse.

— Que diable dois-je faire ? (Il se mordit le doigt de nouveau.) J'ai dit à Brander ce que j'avais fait. J'ai frappé cet homme.

— Je le sais parfaitement, dis-je, et je ne pense pas qu'Ortheris l'ait déjà oublié.

— Ou… i. Mais que je crève si je sais ce que je dois faire. Changer de compagnie, je suppose. Je ne puis demander à cet homme de permuter, je suppose. Hein ?

L'idée offrait des rudiments de bon sens, mais il n'aurait pas dû venir à moi ni à personne d'autre pour demander de l'aide. C'était son affaire à lui, et je le lui déclarai. Il ne semblait pas convaincu, et se mit à parler des chances qu'il avait d'être cassé. Alors, en considération d'Ortheris non vengé, il me prit fantaisie de lui faire un beau tableau de son insignifiance dans le plan de la création. Il avait à douze mille kilomètres de là un papa et une maman, et peut-être des amis. Ils compatiraient à son malheur, mais personne d'autre ne s'en soucierait pour un sou. Il ne serait pour tout le monde ni plus ni moins que le lieutenant Ouless du Vieux Régiment, renvoyé du service de la Reine pour conduite indigne d'un officier et d'un homme d'honneur. Le général en chef, qui ratifierait les décisions du conseil de guerre, ne saurait pas qui il était ; son mess ne parlerait plus de lui ; il s'en retournerait à Bombay, s'il avait de quoi regagner l'Europe, plus seul que quand il l'avait quittée. Finalement — car je complétai le tableau avec soin — il n'était rien qu'une minime touche de rouge dans la vaste étendue de l'Empire des Indes. Il devait surmonter cette crise à lui seul, et personne ne pourrait l'aider, et personne ne se souciait (ce n'était pas vrai, car je m'en souciais énormément : il avait dit la vérité sur-le-champ au capitaine Brander) qu'il la surmontât ou non. A la fin ses traits se raffermirent et sa personne se roidit.

— Cela suffit. Je vous remercie. Je ne tiens pas à en entendre davantage.

Et il regagna sa chambre.

Brander m'entreprit ensuite et me posa des questions ridicules… si j'avais vu Ouless lacérer la tunique sur le dos d'Ortheris. Je connaissais la besogne accomplie par la languette d'argent tranchante, mais je m'efforçai de convaincre Brander de ma complète, absolument complète ignorance de cette manœuvre. Je me mis à lui exposer en détail mes rêves concernant la nouvelle armée territoriale de l'Inde, et il me quitta.

Je passai plusieurs jours sans voir Ortheris, mais j'appris que quand il était revenu auprès de ses camarades il leur avait raconté l'histoire du coup en des termes imagés. Le Juif Samuelson déclara alors que cela ne valait pas la peine de vivre dans un régiment où l'on vous faisait manœuvrer jusqu'à épuisement et où l'on vous battait comme des chiens. La remarque était des plus innocentes, et concordait exactement avec les opinions émises précédemment par Ortheris. Malgré cela Ortheris avait traité Samuelson de Juif ignoble, l'avait accusé de taper à coups de pied sur la tête des femmes à Londres, et d'avoir pour cela hurlé sous le chat à neuf queues, l'avait pourchassé comme un bantam pourchasse un coq de basse-cour, d'un bout à l'autre de la chambrée. Après quoi il avait lancé tous les objets de la valise de Samuelson, ainsi que sa literie, dans la véranda et la poussière du dehors, rouant de coups Samuelson à chaque fois que le pauvre ahuri se baissait pour ramasser quelque chose. Mon informateur ne comprenait rien à cette incohérence, mais il m'apparut, à moi, qu'Ortheris avait passé sa colère sur le Juif.

Mulvaney apprit l'histoire à l'hôpital. D'abord son visage s'assombrit, puis il cracha, et finit par rire. Je lui suggérai qu'il ferait bien de reprendre son service, mais tel n'était pas son point de vue, et il m'affirma qu'Ortheris était bien capable de s'occuper de lui-même et de ses propres affaires. Il ajouta :

— Et si je sortais, il est probable que j'attraperais le jeune Ouless par le fond de sa culotte et que j'en ferais un exemple devant les hommes. Quand Dinah reviendrait je serais en prévention de conseil de guerre, et tout cela pour un petit bout de gamin qui deviendra quand même un bon officier. Qu'est-ce qu'il va faire, monsieur, savez-vous ?

— Qui donc ? fis-je.

— Le gamin, bien sûr. Je ne crains rien pour l'homme. Bon Dieu, tout de même, si c'était arrivé à moi… mais ça n'aurait pas pu m'arriver… je lui aurais fait percer sa dent de sagesse sur la garde de son épée.

— Je ne pense pas qu'il sache lui-même ce qu'il veut faire, répondis-je.

— Cela ne m'étonne pas, reprit Térence. Il y a beaucoup à réfléchir pour un jeune homme quand il a fait le mal et qu'il le sait, et qu'il s'évertue à le réparer. Avertissez de ma part notre petit homme de là-bas que s'il avait mouchardé à son officier supérieur, je serais allé au fort Amara pour l'envoyer bouler dans le fossé du fort, lequel a quinze mètres de profondeur.

Ortheris n'était pas en assez bonnes dispositions pour qu'on pût lui parler. Il rôdait çà et là avec Learoyd, méditant, à ce que je pouvais comprendre, sur son honneur perdu, et usant, à ce que je pouvais entendre, d'un langage incendiaire. Learoyd approuvait d'un signe de tête, et crachait et fumait, et approuvait de nouveau ; il devait être pour Ortheris d'un grand réconfort… d'un réconfort presque aussi grand que Samuelson, qu'Ortheris rudoyait odieusement. Samuelson le Juif ouvrait-il la bouche pour faire la remarque la plus inoffensive, qu'Ortheris s'élançait dessus avec armes et bagages tandis que la chambrée regardait, ébahie.

Ouless était rentré en lui-même pour méditer. Je l'apercevais de temps à autre, mais il m'évitait parce que j'avais été témoin de sa honte et que je lui avais dit ma façon de penser. Il semblait triste et mélancolique, et trouvait sa demi-compagnie rien moins que plaisante à faire manœuvrer. Les hommes accomplissaient leur tâche et lui donnaient très peu d'ennui, mais au moment où ils auraient dû sentir leur équilibre et montrer qu'ils le sentaient, par du ressort, de l'allant et du mordant, toute élasticité s'évanouissait, et ce n'était plus que de la manœuvre aux cartouches en bois. Il y a dans une ligne d'hommes bien formés une jolie petite vibration tout à fait analogue au jeu d'une épée bien trempée. La demi-compagnie d'Ouless se mouvait comme un manche à balai et se serait cassée aussi aisément.

J'en étais à me demander si Ouless avait envoyé de l'argent à Ortheris, ce qui eût été mauvais, ou s'il lui avait fait des excuses en particulier, ce qui eût été pire, ou s'il avait décidé de laisser passer l'affaire sans plus, ce qui eût été le pire de tout, quand je reçus l'ordre de quitter la garnison pour un temps. Je n'avais pas interrogé directement Ortheris, car son honneur n'était pas mon honneur, et il en était le gardien, et je n'aurais rien obtenu de lui que des gros mots.

Après mon départ il m'arriva fréquemment de ressonger au sous-lieutenant et au simple soldat du fort Amara, et je me demandais comment tout cela finirait.

Je revins au début du printemps. La compagnie B avait quitté le fort Amara pour reprendre son service régulier à la garnison ; sur le mail les roses s'apprêtaient à fleurir, et le régiment, qui entre autres choses avait été à un camp d'exercice, faisait alors son école à feu du printemps sous la surveillance d'un adjudant-major qui jugeait faible la moyenne de son tir. Il avait piqué d'honneur les officiers de la compagnie, et ceux-ci avaient acheté pour leurs hommes des munitions en supplément… celles que fournit le gouvernement sont tout juste bonnes à encrasser les fusils… et la compagnie E, qui comptait beaucoup de bons tireurs, exultait et offrait de se mesurer avec toutes les autres compagnies, et les tireurs de troisième classe étaient désolés d'avoir jamais vu le jour, et tous les lieutenants avaient acquis un superbe teint basané pour être restés aux cibles de six à huit heures par jour.

Après déjeuner je m'en allai aux cibles, tout brûlant de curiosité de voir quels progrès avait faits la nouvelle classe. Ouless était là avec ses hommes auprès du tertre pelé qui marque la portée de six cents mètres, et les hommes étaient en kaki gris verdâtre, lequel met en évidence les meilleures qualités d'un soldat et se confond avec tout arrière-plan devant lequel il se tient. Avant d'être à portée d'entendre je pus voir, à leur manière de se coucher sur l'herbe poudreuse, ou de se relever en se secouant, que c'étaient des hommes entièrement formés : ils portaient leurs casques sous l'angle qui décèle la possession de soi-même, se balançaient avec aisance et accouraient au mot d'ordre. Arrivé plus près, j'entendis Ouless siffler en sourdine *Ballyhooley*, tout en inspectant le champ de tir avec sa lorgnette, et le dos du lieutenant Ouless était celui d'un homme libre et d'un officier. En m'apercevant, il m'adressa un signe de tête, et je l'entendis lancer un ordre à un sous-officier, d'un ton net et assuré. Le fanion surgit du but, et Ortheris se jeta à plat ventre pour y envoyer ses dix balles. Il me fit un clin d'œil par-dessus la culasse mobile, tout en s'installant, de l'air d'un homme contraint d'exécuter des tours pour amuser des enfants.

— Regardez, vous autres, dit Ouless à l'escouade rangée derrière. Il ne pèse que moitié de votre poids, Brannigan, mais il n'a pas peur de son fusil.

Ortheris, comme nous tous, avait ses petites manies et ses façons particulières. Il soupesa son fusil, le releva d'une petite secousse, l'abaissa de nouveau, et fit feu par-dessus le champ de tir qui commençait à onduler sous l'ardeur du soleil.

— Manqué ! dit un homme derrière lui.

— Trop de paysage en face, sacrédié ! murmura Ortheris.

— Je corrigerais de deux pieds pour la réfraction, dit Ouless.

Ortheris tira de nouveau, attrapa le cercle extérieur, se rapprocha du noir, l'atteignit et n'en sertit plus. Le sous-officier notait les coups.

— Je ne comprends pas comment j'ai manqué le premier, dit Ortheris, se levant et se reculant à mon côté, tandis que Learoyd prenait sa place.

— C'est tir de compagnie ? demandai-je.

— Non. Il s'agit d'une séance quelconque. Ouless, il donne dix roupies pour les tireurs de deuxième classe. Je n'en suis pas, bien entendu, mais je viens leur montrer la bonne manière d'opérer. Voyez là-bas Jock, il a l'air d'un lion de mer à l'aquarium de Brighton quand il s'étale et qu'il rampe, n'est-ce pas ? Dieu, quelle cible ça ferait, cette partie de sa personne.

— La compagnie B s'est fort bien éduquée, dis-je.

— Il le fallait. Ils ne sont plus aussi moches, à présent, pas vrai ? Même Samuelson, il sait tirer de temps en temps. Nous allons aussi bien que possible, merci.

— Où en êtes-vous avec…

— Ah ! lui ? Dans les meilleurs termes ! Rien à lui reprocher.

— C'est donc réglé ?

— Térence ne vous a pas raconté ? Je vous crois que ça l'est. C'est un gentleman, pas d'erreur.

— Je vous écoute, repris-je.

Ortheris examina les environs, fourra son fusil en travers de ses genoux, et répéta :

— C'est un gentleman. Et un officier aussi. Vous avez vu tout ce gâchis au fort Amara. Il n'y avait pas de ma faute, comme vous pouvez le deviner. Seulement un macaque de notre peloton avait trouvé plus ou moins malin de faire l'imbécile à l'exercice. C'est pourquoi nous manœuvrions si mal. Quand Ouless m'a frappé, j'ai été si stupéfait que je n'ai rien su faire, et quand j'eus l'envie de lui rendre son coup, la conversion avait continué et je me trouvais en face de vous qui étiez couché là-haut sur les canons. Lorsque le capitaine arriva et qu'il m'attrapa à cause de ma tunique déchirée, je vis le regard de notre gamin, et avant de pouvoir m'en empêcher, je commençai à mentir comme un brave. Vous m'avez entendu ? Ce fut tout à fait instinctif, mais quand même ! J'étais dans une rage. Alors il dit au capitaine : « Je l'ai frappé », qu'il dit, et j'entendis Brander siffler, et alors je m'avance avec une nouvelle série de mensonges, comme quoi en portant armes la déchirure s'était agrandie, comme vous l'avez entendu. Je fis cela aussi avant de savoir où j'en étais. Puis, quand on fut rentré à la caserne, j'envoyai faire f... Samuelson. Vous auriez dû voir son fourniment lorsque j'en eus fini avec ! Il était dispersé, crédié, aux quatre coins du fort. Alors Jock et moi nous nous en allons voir Mulvaney à l'hôpital, une balade de huit kilomètres, et je sautillais de rage. Ouless, il savait que c'était le conseil de guerre pour moi si je lui rendais le coup... il aurait dû le savoir. Eh bien, je dis à Térence, parlant à mi-voix sous le balcon de l'hôpital :

« — Térence, que je dis, que diable vais-je faire ?

« Je lui raconte ce que vous avez vu, concernant l'esclandre. Ce vieux Térence il siffle, crédié, comme un pinson, là-haut dans l'hôpital, et il dit :

« — Tu n'es pas à blâmer, qu'il dit.

« — Bien sûr, que je dis. Crois-tu que j'aie fait jusqu'ici huit kilomètres au soleil pour recevoir un blâme ? que je dis. Je veux avoir la peau de ce jeune bougre. Je ne suis, crédié, pas un conscrit, que je dis. Je suis un soldat au service de la Reine, et je vaux autant que lui, que je dis, malgré son grade et ses airs et son argent, que je dis.

— Comme vous étiez bête, interrompis-je.

Ortheris, n'étant ni un laquais, ni un Américain, mais un homme libre, n'avait aucun prétexte pour aboyer de la sorte.

— C'est exactement ce que me dit Térence. Je m'étonne que vous l'ayez exprimé de la même façon si exacte s'il ne vous a rien raconté. Il me dit :

« — Tu devrais être plus raisonnable, qu'il dit, à ton âge. Quelle différence cela fait-il pour toi, qu'il dit, s'il a un grade ou non ? Ça ne te regarde pas. C'est une affaire entre homme et homme, qu'il dit, aurait-il le grade de général. De plus, qu'il dit, ça ne te donne pas bon air de sautiller comme ça sur tes pattes de derrière. Emmène-le, Jock.

« Puis il rentra, et ce fut tout ce que je tirai de Térence. Jock, il me dit, aussi lent qu'une marche funèbre :

« — Stanley, qu'il dit, ce jeune bougre n'a pas voulu te frapper.

« — Qu'il l'ait voulu ou non, je m'en f... Il m'a frappé, que je dis.

« — Alors, tu n'as qu'à te plaindre à Brander, que dit Jock.

« — Pour qui me prends-tu ? que je dis.

« Et j'étais si affolé que je faillis frapper Jock. Et il me prend par le cou et me plonge la tête dans un seau d'eau dans la cambuse du cuisinier, et alors nous retournons au fort, et je donnai à Samuelson encore un peu d'ennui avec son fourniment. Il me dit :

« — Je n'ai jamais reçu un coup sans le rendre.

« — Eh bien, tu vas en recevoir, maintenant, que je dis.

« Et je lui en fais encaisser quelques-uns, et lui demande très poliment de me les rendre, mais il s'en abstint. Je l'aurais tué, s'il l'avait osé. Cela me fit beaucoup de bien.

« Ouless, il ne fit semblant de rien pendant quelques jours... jusqu'après votre départ. Je me sentais mal à l'aise et misérable, et je ne savais plus ce que je voulais, si ce n'est lui noircir pour de bon ses petits yeux. J'espérais qu'il allait m'envoyer de l'argent pour ma tunique. Alors je me serais expliqué avec lui sur le terrain et aurais couru ma chance. Térence était encore à l'hôpital, voyez-vous, et il refusait de me donner conseil.

« Le lendemain de votre départ, Ouless vient à moi comme je portais un seau en corvée, et il me dit tout tranquillement :

« — Ortheris, vous allez venir chasser avec moi, qu'il dit.

« Je me sentis prêt à lui flanquer le seau à la figure, mais je me retins. Au lieu de cela, je me mis en tenue pour l'accompagner. Oh ! c'est un gentleman !

Nous partîmes ensemble, sans rien nous dire l'un à l'autre jusqu'au moment où nous fûmes bien enfoncés dans la jungle au delà de la rivière avec des hautes herbes tout alentour… fort près de cet endroit où je perdis la tête avec vous. Alors il dépose son fusil à terre et me dit tout tranquillement :

« — Ortheris, je vous ai frappé à l'exercice, qu'il dit.

« — Oui, mon lieutenant, que je dis, vous m'avez frappé.

« — J'ai réfléchi à la chose, qu'il dit.

« Ah vraiment, tu y as réfléchi, que je me dis en moi-même ; eh bien tu y as mis le temps, mon petit zigue…

« — Oui, mon lieutenant, que je dis.

« — Qu'est-ce qui vous a fait me couvrir ? qu'il dit.

« — Je n'en sais rien, que je dis.

« Et je n'en savais rien non plus, et je ne le sais toujours pas.

« — Je ne peux vous demander de permuter, qu'il dit. Et je ne veux pas non plus permuter, qu'il dit.

« Où va-t-il en venir ? » que je pense en moi-même.

« — Oui, mon lieutenant, que je dis.

« Il jette un coup d'œil sur les hautes herbes qui nous entouraient, et il dit, pour lui-même plutôt que pour moi :

« — Il faut que j'y arrive tout seul, par moi-même !

« Il eut l'air si bizarre pendant une minute que, ma parole, je pensais que le petit bougre allait dire une prière. Alors il se tourne de nouveau vers moi et me dit :

« — Et vous, qu'est-ce que vous en pensez ? qu'il dit.

« — Je ne vois pas bien ce que vous voulez dire, mon lieutenant, que je dis.

« — Qu'est-ce qui vous plairait ? qu'il dit.

« Et je pensai une minute qu'il allait m'offrir de l'argent, mais il porte sa main au premier bouton de sa veste de chasse et le défait.

« — Merci, mon lieutenant, que je dis. Cela me plaira fort bien, que je dis.

« Et nos deux vestes furent défaites et déposées à terre.

— Bravo ! m'écriai-je sans y prendre garde.

— Ne faites pas de bruit devant les cibles, cria Ouless, de l'endroit du tir. Cela dérange les hommes.

Je m'excusai, et Ortheris continua :

— Nous avions mis habit bas, et il me dit :

« — Êtes-vous prêt ? qu'il dit. Venez-y donc.

« Je m'avance, un peu hésitant au début, mais il m'attrape sous le menton, ce qui m'échauffe. Je voulus marquer le petit zigue et je tapai haut, mais il para et m'attrapa au-dessus du cœur comme un brave. Il n'était pas si fort que moi, mais il en savait davantage, et au bout d'environ deux minutes je crie : « *Time* ! » Il recule… selon les règles du combat.

« — Venez-y quand vous serez prêt, qu'il dit.

« Et quand j'eus repris haleine j'y allai de nouveau, et je lui en donnai un sur le nez qui lui colora sa blanche chemise aristocratique. Cela le fâcha, et je m'en aperçus en un clin d'œil. Il arrive tout contre moi, au corps à corps, résolu à me toucher au cœur. Je tins tant que je pus et lui fendis l'oreille, mais alors je commençai à hoqueter, et le jeu fut fini. J'entrai dans sa garde pour voir si je pouvais l'abattre, et il m'envoie sur la bouche un coup qui me jette à terre et… regardez ici !

Ortheris releva le coin gauche de sa lèvre supérieure. Il lui manquait une canine.

— Il se tint au-dessus de moi et me dit :

« — En avez-vous assez ?

« — Merci, j'en ai assez, que je dis.

« Il me prend par la main et me relève : j'étais très ébranlé.

« — Maintenant, qu'il dit, je vais vous faire des excuses pour vous avoir frappé. C'était uniquement de ma faute, qu'il dit, et cela ne vous était pas destiné.

« — Je le sais, mon lieutenant, que je dis, et il n'y a pas besoin d'excuses.

« — Alors c'est un accident, qu'il dit, et il vous faut me laisser vous indemniser pour votre tunique ; sinon elle vous sera retenue sur votre paye.

« Je n'aurais pas accepté l'argent auparavant, mais je l'acceptai alors. Il me donna dix roupies… de quoi me payer deux fois une tunique, et nous descendîmes à la rivière pour laver nos figures, qui étaient bien marquées. La sienne n'était pas ordinaire. Puis il se dit à lui-même, en crachant l'eau de sa bouche :

« — Je me demande si j'ai agi comme il faut, qu'il dit.

« — Oui, mon lieutenant, que je dis ; il n'y a rien à craindre à ce sujet.

« — C'est très bien pour vous, qu'il dit, mais en ce qui regarde les hommes de la compagnie.

« — 'Mande pardon, mon lieutenant, que je dis, je ne pense pas que la compagnie vous donnera de l'ennui.

« Alors nous allâmes chasser, et quand nous revînmes je me sentais aussi joyeux qu'un grillon. J'attrapai Samuelson, que je fis valser d'un bout à l'autre de la véranda, et révélai à la compagnie que le différend entre moi et le lieutenant Ouless était aplani à ma satisfaction. Je racontai tout à Jock, bien entendu, et à Térence. Jock ne dit rien, mais Térence il dit :

« — Vous faites la paire, tous les deux. Et, pardieu, je ne sais pas lequel fut le meilleur.

« Il n'y a rien à reprocher à Ouless. C'est un gentleman du haut en bas, et il a progressé autant que la compagnie B. Tout de même je parie qu'il serait cassé de son grade si on venait à savoir qu'il s'est battu avec un simple soldat. Ho ! ho ! Se battre tout l'après-midi avec un fichu simple soldat comme moi ! Qu'en pensez-vous, ajouta-t-il en caressant la crosse de son fusil.

— Je pense ce que disaient les arbitres au combat simulé : les deux partis méritent beaucoup d'éloges. Mais je voudrais que vous me disiez ce qui vous a porté à le sauver en premier lieu.

— J'étais bien sûr qu'il ne m'avait pas destiné le coup, bien que, s'il avait écopé pour ça, cela m'eût été indifférent. Et puis il était si jeune que cela n'aurait pas été bien. En outre, si je l'avais dénoncé je n'aurais pas eu mon combat, et je me serais senti mal à l'aise pendant tout mon congé. Ne voyez-vous pas les choses ainsi, monsieur ?

— C'était votre droit de le faire casser, si vous l'aviez voulu, insistai-je.

— Mon droit ! répliqua Ortheris avec un profond mépris. Mon droit ! Je ne suis pas un bleu pour aller pleurnicher sur mes droits par-ci et mes droits par-là, tout comme si je ne savais pas prendre soin de moi-même. Mes droits ! Par le Tout-Puissant ! Je suis un homme.

La dernière escouade épuisa ses cartouches au milieu d'une bourrasque de plaisanteries à voix basse. Ouless se retira à quelque distance afin de laisser les hommes à l'aise, et je vis un moment sa figure en plein soleil ; après quoi il tira son épée, rassembla ses hommes, et les reconduisit à la caserne. C'était parfait. Le gamin avait fait ses preuves.

UN ASPECT DE LA QUESTION

Par Shafiz Ullah Khan, fils de Hyat Ullah Khan, à l'honorable service de Son Altesse le Rao Sahib du Jagesur, qui est sur la frontière nord de l'Hindoustan, et aide-de-camp de Son Altesse, à Kazi Jamal-ud-din, fils de Kazi Ferisht-ud-din Khan, au service du Rao Sahib, son ministre très honoré. De ce lieu que l'on nomme le club Northbrook, dans la ville de Londres, sous l'ombre de l'Impératrice, ceci est écrit :

Entre frère et frère d'élection, il n'est pas besoin de longues protestations d'Amour et de Sincérité. Le Cœur parle à nu au Cœur, et la Tête répond de tout. Gloire et Honneur sur ta maison jusqu'à la fin des siècles et une tente sur les frontières du paradis.

MON FRERE, — Concernant l'objet de ma mission, voici le rapport. J'ai acheté pour le Rao Sahib et payé soixante livres sur chaque cent, les choses qu'il désirait le plus. Soit : deux des grands chiens-tigres couleur daim, mâle et femelle, leur pédigrée étant écrit sur papier, et des colliers d'argent ornant leurs cous. Pour le plus grand plaisir du Rao Sahib, je les envoie aussitôt par le steamer, aux soins d'un homme qui en rendra compte à Bombay aux banquiers de là-bas. Ce sont les meilleurs de tous les chiens de ce pays. Des fusils, j'en ai acheté cinq... deux à la crosse niellée d'argent, avec des arabesques d'or autour des chiens, tous deux à deux canons, frappant dur, dans un étui de velours et de cuir rouge ; trois d'un travail sans égal, mais qui manquent d'ornement ; un fusil à répétition qui tire quatorze fois : ceci quand le Rao Sahib chasse le sanglier ; un fusil à balle explosible à deux coups, pour le tigre, et celui-ci est un prodige d'habileté ; et un fusil de chasse léger comme une plume, avec des cartouches vertes et bleues par milliers. Également, une toute petite carabine pour le chevreuil noir, qui abattrait quand même son homme à quatre cents pas. Le harnais aux armoiries d'or pour le carrosse du Rao Sahib n'est pas encore terminé, à cause de la difficulté de sertir le velours rouge dans le cuir ; mais le harnais à deux chevaux et la grande selle aux arçons dorés qui est destinée à la cérémonie ont été mis avec du camphre dans une boîte de fer-blanc que j'ai scellée de mon anneau. Quant à l'écrin en cuir gaufré, d'ustensiles féminins et de petites pinces pour les cheveux et la barbe ; quant aux parfums et aux soies et à tout ce qu'ont demandé les femmes qui sont derrière les rideaux, je n'en ai pas connaissance. Ce sont choses longues à venir ; et la fauconnerie : sonnettes, capuchons et jets à chiffre d'or, sont également en retard. Lis ceci dans l'oreille du Rao Sahib, et vante-lui ma diligence et mon zèle, de crainte que ma faveur ne soit diminuée par l'absence, et garde un œil vigilant sur ce chien édenté de plaisantin... Bahadur Shah... car par ton aide et ta voix, et par ce que j'ai fait en ce qui concerne les fusils, j'aspire, comme tu le sais, au commandement de l'armée du Jagesur. Cet être sans conscience l'ambitionne également, et j'ai appris que le Rao Sahib incline de ce côté-là. En avez-vous donc fini avec la coutume de boire du vin dans votre maison, mon frère, ou bien Bahadur Shah a-t-il renoncé à l'eau-de-vie ? Je ne voudrais pas que la boisson fût sa fin, mais une mixture bien dosée mène à la folie. Songes-y.

Et maintenant, au sujet de ce pays des sahibs, voici ce que tu m'as demandé. Dieu m'est témoin que je me suis efforcé de comprendre tout ce que j'ai vu et un peu de ce que j'ai entendu. Mes paroles et mon intention sont celles de la vérité, mais il se peut que je n'en écrive que des mensonges.

Depuis que l'étonnement et l'ahurissement premiers de ma vision ont cessé, — nous remarquons d'abord les pierreries au dôme du plafond, et plus tard seulement la crasse du plancher, — je vois clairement que cette ville de Londres est maudite, étant sombre et malpropre, dénuée de soleil, et pleine de gens de basse naissance, qui sont perpétuellement ivres, et hurlent dans les rues comme des chacals, hommes et femmes ensemble. A la tombée de la nuit, c'est la coutume d'innombrables milliers de femmes de descendre dans les rues et de les arpenter en hurlant, faisant des farces, et réclamant de l'alcool. A l'heure de cette attaque, c'est l'usage des pères de famille d'emmener leurs femmes et leurs enfants dans les spectacles et lieux de divertissements : ainsi le mal et le bien s'en retournent chez eux comme fait au crépuscule la gent des marais. Je n'ai jamais vu dans tout l'univers de spectacle comme celui-ci, et je doute que son pareil se rencontre de l'autre côté des portes de l'Enfer. Quant au mystère de leur métier, c'en est un antique, mais les pères de famille s'assemblent par troupeaux, hommes et femmes, et protestent bien haut à leur Dieu que ce métier n'existe pas ; et cependant lesdites femmes heurtent aux portes, à l'extérieur. De plus, le jour où ils vont à la prière, les lieux de boisson ne sont ouverts que quand les mosquées sont fermées ; tel celui qui endiguerait le fleuve Jumna le vendredi seulement. Ainsi donc hommes et femmes, étant contraints de satisfaire leurs appétits dans le plus bref délai, s'enivrent d'autant plus furieusement et roulent ensemble dans le ruisseau. Ils y sont regardés par ceux qui vont prier. De plus, et en signe visible que ce lieu est abandonné de Dieu, il tombe à certains jours, sans avertissement, une obscurité froide, par quoi la lumière du soleil est entièrement ravie à la cité, et le peuple, mâle et femelle, et les conducteurs de véhicules, vont à tâtons et braillent en plein midi dans cet abîme sans se voir l'un l'autre. L'air étant chargé de la fumée de l'Enfer (soufre et bitume, comme il est écrit) ils meurent bientôt d'étouffement, et sont ainsi enterrés dans le noir. C'est là une terreur qui dépasse la plume, mais, par ma tête, j'écris ce que j'ai vu.

Il n'est pas vrai que les sahibs adorent un seul Dieu, comme nous autres de la vraie Foi, ou que les divisions survenues dans leur dogme soient comme celles qui existent à présent chez nous entre shiites et sunnites. Je ne suis qu'un guerrier, et n'ai rien du derviche, me souciant, comme tu sais, autant du sunni que du shii. Mais j'ai interrogé beaucoup de gens sur la nature de leurs dieux. Ils en ont un qui est le chef de la Mukht-i-Fauj[28], et qui est adoré par des hommes en habit rouge sang, qui braillent et deviennent insensés. Un autre est une idole, devant quoi ils brûlent des cierges et de l'encens dans un temple pareil à celui que j'ai vu quand je suis allé à Rangoun acheter des étalons de Birmanie pour le Rao. Un troisième encore a des autels nus faisant face à une grande assemblée de morts. C'est surtout pour lui qu'ils chantent, mais d'autres s'adressent à une femme qui fut la mère du grand prophète venu avant Mahomet. Les gens du vulgaire n'ont pas de dieu, mais ils adorent ceux qui les haranguent cramponnés aux réverbères de la rue. Les gens les plus avisés s'adorent eux-mêmes, ainsi que les choses qu'ils ont faites avec leurs bouches et leurs mains, et ce cas se rencontre particulièrement chez les femmes stériles, qui sont en grand nombre. Hommes et femmes ont la coutume de se confectionner des dieux selon leurs désirs, en pinçant et tapotant la molle argile de leurs pensées pour leur donner la forme approximative de leurs envies. Chacun est ainsi pourvu d'une divinité selon son cœur, et cette divinité se transforme en une plus petite quand l'estomac leur tourne ou que leur santé s'altère. Tu ne croiras pas ce récit, mon frère. Et je ne l'ai pas cru non plus quand on me l'a conté d'abord, mais aujourd'hui ce n'est plus rien pour moi ; tant le pied du voyage relâche les courroies d'étriers de la croyance.

[28] Armée du Salut.

Mais tu vas dire : « Que nous importe si la barbe d'Ahmed ou celle de Mahomet est la plus longue. Dis ce que tu sais de l'Accomplissement du Désir. » Je voudrais que tu fusses ici pour parler face à face et te promener en public avec moi et t'instruire.

Pour ce peuple, c'est une question de Ciel et d'Enfer de savoir si la barbe d'Ahmed et celle de Mahomet s'équivalent ou diffèrent seulement d'un cheveu. Connais-tu le mécanisme de leur gouvernement ? Le voici. Certains hommes, se désignant eux-mêmes, s'en vont çà et là et parlent aux corroyeurs, et aux marchands d'habits, et aux femmes, disant : « Donnez-nous congé par votre faveur de parler pour vous dans le conseil. » S'étant assuré cette autorisation par de larges promesses, ils s'en retournent au lieu du conseil, et siégeant sans armes, quelque six cents réunis parlent au hasard, chacun pour soi et son propre lot de gens de basse naissance. Les vizirs et divans de l'Impératrice sont toujours forcés de leur mendier de l'argent, car tant que plus d'une moitié des Six Cents n'est pas du même avis pour dépenser les finances de l'État, pas un cheval ne peut être ferré, pas un fusil chargé, pas un homme habillé dans tout le pays. Rappelle-toi bien ceci continuellement. Les Six Cents sont au-dessus de l'Impératrice, au-dessus du Vice-Roi des Indes, au-dessus du chef de l'armée et de tout autre pouvoir que tu as jamais connu. Parce qu'ils détiennent les finances de l'État.

Ils sont divisés en deux hordes… l'une qui ne cesse de lancer des injures à l'autre, et engage les gens de basse naissance à s'insurger et se rebeller contre tout ce que les autres peuvent proposer pour gouverner. Si ce n'est qu'ils sont sans armes, et s'appellent ainsi sans crainte menteurs, chiens et bâtards jusque sous l'ombre du trône de l'Impératrice, ils sont en une guerre âpre et sans fin. Ils opposent mensonge à mensonge, jusqu'à ce que les gens de basse naissance et le vulgaire soient enivrés de mensonges et à leur tour commencent à mentir et à refuser de payer les impôts. En outre ils répartissent leurs femmes en troupes et les envoient à cette bataille avec des fleurs jaunes à la main, et comme la croyance d'une femme n'est que la croyance de son amant dépouillée de jugement, il s'ensuit beaucoup de gros mots. Comme le dit la femme esclave à Mamoun, dans les exquises pages du fils d'Abdullah :

L'oppression et l'épée tuent promptement ;

Ton souffle tue lentement, mais il finit par tuer.

S'ils veulent une chose ils déclarent qu'elle est vraie. S'ils ne la veulent pas, quand ce serait la Mort elle-même, ils s'écrient : « Cela n'existe pas ! » Ils parlent ainsi comme des enfants, et comme des enfants ils cherchent à saisir ce qu'ils convoitent, sans considérer si cela leur appartient ou non. Et dans leurs conseils, quand l'armée de la déraison en vient au défilé de la dispute, et qu'il ne reste plus rien à dire de chaque côté, ils se divisent, comptent les têtes, et la volonté du côté qui a le plus grand nombre de têtes fait la loi. Mais le côté surpassé en nombre s'empresse de courir parmi les gens du vulgaire et leur enjoint de fouler aux pieds cette loi, et de massacrer les fonctionnaires. Il s'ensuit un massacre nocturne d'hommes désarmés, et des massacres de bétail et des outrages aux femmes. Ils ne coupent pas le nez aux femmes, mais ils leur frisent les cheveux et leur écorchent la peau avec des épingles. Alors ces éhontés du conseil se présentent devant les juges en s'essuyant la bouche et faisant serment. Ils disent : « Devant Dieu nous sommes exempts de blâme. Avons-nous dit : « Ramassez cette pierre de la route et lapidez-en celui-ci et non un autre » ? On ne les raccourcit donc pas de la tête, puisqu'ils ont dit seulement : « Voici des pierres et voilà là-bas un individu qui obéit à la loi qui n'en est pas une parce que nous ne le voulons pas. »

Lis ceci dans l'oreille du Rao Sahib et demande-lui s'il se souvient de cette saison où les chefs Manglôt ont refusé l'impôt, non parce qu'ils ne pouvaient le payer, mais parce qu'ils jugeaient les taxes abusives. Toi et moi sommes allés chez eux avec les soldats tout un jour, et les noires lances soulevaient le chaume, en sorte qu'il n'était même pas nécessaire de faire feu ; et il n'y eut personne de tué. Mais ce pays-ci est livré à la guerre occulte et au meurtre voilé. En cinq ans de paix ils ont tué dans leurs propres frontières et de leur propre race plus d'hommes qui n'en seraient tombés si la balle de la dissension avait été laissée au maillet de l'armée. Et pourtant il n'y a nul espoir de paix, car les partis ne tardent pas à se diviser de nouveau, et ils se remettent à faire tuer d'autres hommes sans armes et dans les champs. Mais assez sur cette matière, laquelle est à notre avantage. Il y a meilleure chose à dire, et qui tend à l'Accomplissement du Désir. Lis ce qui suit d'un esprit reposé par le sommeil. J'écris tel que je comprends.

Derrière toute cette guerre sans honneur il y a ce que je trouve difficile de coucher par écrit, et tu sais que je suis peu expert à manier la plume. Je chevaucherai l'étalon de l'Inhabileté obliquement à la muraille de l'Expression. La terre que l'on foule est malade et aigrie d'être trop maniée par l'homme, tel un sol gazonné s'aigrit sous le bétail ; et l'air est épaissi également. Sur le sol de cette ville, ils ont posé, pour ainsi dire, les planches puantes d'une étable, et à travers les planches, entre mille milliers de maisons, les humeurs peccantes de la terre s'infiltrent dans l'air surchargé qui les renvoie à leur domicile ; car la fumée de leurs feux de cuisine les tient tous à l'intérieur comme fait la toiture pour les exhalaisons des moutons. Et semblablement il règne une chlorose chez le peuple, et en particulier chez les Six Cents qui bavardent. Ni l'hiver ni l'automne n'atténuent cette maladie de l'âme. Je l'ai vue sévir chez les femmes de notre pays à nous et chez les adolescents non encore aguerris à l'épée ; mais je n'en ai jamais encore vu autant qu'ici. Par l'effet particulier de ce mal, le peuple, renonçant à l'honneur et à la droiture, met en question toute autorité, non comme le feraient des hommes, mais comme des filles, en pleurnichant, et en pinçant dans le dos quand le dos est tourné, et en faisant des grimaces. Si quelqu'un crie dans les rues : « On m'a fait une injustice ! » ils admettent qu'il ne se plaigne pas aux gens en place, mais à tous ceux qui passent, et buvant ses paroles, ils volent en tumulte à la demeure de l'accusé et écrivent de mauvaises choses contre lui, sa femme et ses filles ; car ils ne prennent pas soin de peser le témoignage, et sont tels que des femmes. Et d'une main ils frappent leurs gendarmes qui gardent les rues, et de l'autre frappent les gendarmes pour s'être plaints de ces coups et les mettent à l'amende. Quand ils ont en toutes choses vilipendé l'État, ils réclament du secours à l'État, qui le leur donne, si bien que la fois suivante ils crient encore davantage. Ceux qui sont opprimés se déchaînent par les rues, portant des bannières dont le coût et l'ouvrage représentent quatre jours de travail et une semaine de pain ; et quand ni cheval ni piéton ne peuvent plus passer, ils sont satisfaits. D'autres, recevant des salaires, refusent de travailler avant d'en avoir obtenu de plus forts, et les prêtres les aident, et aussi des hommes des Six Cents — car où il y a rébellion, l'un de ces hommes ne peut manquer de venir, comme un vautour sur un bœuf mort — et prêtres, bavards et hommes réunis déclarent qu'il est juste que parce qu'ils ne veulent pas travailler nuls autres ne s'y risquent. De cette manière ils ont si bien entravé le chargement et le déchargement des bateaux qui viennent à cette ville, qu'en envoyant au Rao Sahib fusils et harnais, j'ai jugé convenable d'envoyer les caisses par le train à un autre bateau qui appareillait d'un autre port. Il n'y a plus aucune certitude en aucun envoi. Mais tel qui fait injure aux marchands ferme la porte du bien-être à la cité et à l'armée. Et tu connais ce que dit Saâdi :

Comment le marchand voyagerait-il vers l'ouest,

Quand il entend parler des troubles de là-bas ?

Nul ne peut garder confiance parce qu'il ne saurait dire comment agiront ses sous-ordres. Ils ont rendu le serviteur plus grand que le maître, pour cette raison qu'il est le serviteur ; sans s'apercevoir que, devant Dieu, l'un et l'autre sont égaux à la tâche désignée. C'est là une chose à mettre de côté dans le buffet de l'esprit.

De plus, la misère et la clameur du vulgaire dont le sein de la terre est las, ont si bien affecté les esprits de certaines gens qui n'ont jamais dormi sous le poids de la crainte ni vu s'abattre le plat du sabre sur les têtes d'une populace, qu'ils s'écrient : « Renversons tout ce qui existe, et travaillons uniquement de nos mains nues. » A cette tâche leurs mains se couvriraient d'ampoules dès le second coup ; et j'ai vu que, tout émus qu'ils soient par les souffrances d'autrui, ils ne renoncent en rien aux douceurs de l'existence. Dans leur ignorance du vulgaire non moins que de l'esprit humain, ils offrent cette boisson forte des mots, dont ils usent eux-mêmes, à des ventres vides ; et ce breuvage produit l'ivresse de l'âme. Tout le long du jour les gens malheureux se tiennent à la porte des lieux de boisson au nombre de plusieurs milliers. Les gens bien intentionnés mais de peu de discernement leur donnent des paroles ou tentent pitoyablement dans les écoles de les transformer en artisans, tisserands ou maçons, dont il y a plus qu'assez. Mais ils n'ont pas la sagesse de veiller aux mains de ces élèves, sur lesquelles Dieu et la Nécessité ont inscrit l'habileté de chacun et celle de son père. Ils croient que le fils d'un ivrogne va manier un ciseau ferme et que le charretier fera la besogne du plâtrier. Ils ne s'accordent pas de réfléchir à la dispensation de leur générosité, laquelle ressemble aux doigts fermés d'une main qui puise de l'eau. En conséquence les matériaux bruts d'une très grande armée s'en vont à la dérive sans être taillés, dans la fange de leurs rues. Si le gouvernement qui est là aujourd'hui, et qui changera demain, dépensait pour ces déshérités quelque argent à les vêtir et à les équiper, je n'écrirais pas ce que j'écris. Mais ces gens du peuple méprisent le métier des armes, et se contentent du souvenir des anciennes batailles ; les femmes et les bavards les y aident.

Tu vas dire : « Pourquoi parler sans cesse de femmes et de sots ? » Je réponds par Dieu, le Fabricateur du Cœur, que les sots siègent parmi les Six Cents, et que les femmes mènent leur conseil. As-tu oublié ce jour où arriva d'outre-mer cet ordre qui a pourri les armées des Anglais qui sont chez nous, si bien que les soldats tombaient malades par centaines là où auparavant il ne s'en alitait que dix ? Ce fut l'œuvre de tout au plus vingt des hommes et environ cinquante des femmes stériles. J'ai vu trois ou quatre d'entre eux, mâles et femelles, et ils triomphent ouvertement, au nom de leur Dieu, parce que trois régiments des troupes blanches ont cessé d'exister. Ceci est à notre avantage parce que l'épée où il y a une tache de rouille se brise sur le turban de l'ennemi. Mais s'ils déchirent ainsi leur chair et leur sang propres avant que leur folie ait atteint son paroxysme, que feront-ils lorsque la lune sera dans son plein ?

Voyant que le pouvoir réside entre les mains des Six Cents, et non dans le Vice-Roi ou ailleurs, j'ai durant tout mon séjour recherché l'ombre de ceux qui bavardent le plus et le plus extravagamment. Ils mènent le vulgaire, et en reçoivent l'autorisation de sa bonne volonté. C'est le désir de quelques-uns de ces hommes — en fait, d'à peu près autant que ceux qui causèrent la pourriture de l'armée britannique — que nos terres et peuples devraient ressembler exactement à ceux des Anglais d'aujourd'hui même. Puisse Dieu, le Contempteur de la Folie, nous en préserver ! Moi-même, je passe parmi eux pour un phénomène, et de nous et des nôtres ils ne savent rien, les uns m'appelant Hindou et d'autres Radjpout, et usant à mon égard, par ignorance, de propos d'esclaves et d'expressions de grand irrespect. Quelques-uns d'entre eux sont bien nés, mais la plupart sont de basse naissance, ont la peau rude, agitent leurs bras, parlent fort, manquent de dignité, ont la bouche relâchée, le regard furtif, et comme je l'ai déjà dit, se laissent mener par le vent d'une robe de femme.

Voici maintenant une histoire qui ne date que de deux jours. Il y avait une société à un repas, et une femme à la voix perçante me parla, en présence des hommes, des affaires de nos femmes. Son ignorance faisait de chaque mot un outrage acéré. Me rappelant cela, je me contins jusqu'au moment où elle en vint à édicter une nouvelle loi pour la direction de nos zénanas[29] et de toutes celles qui sont derrière les rideaux.

[29] Harems.

Alors moi : « As-tu jamais senti la vie frémir sous ton cœur ou tenu un petit fils entre tes seins, ô très déshéritée ? » Là-dessus elle, avec feu et l'œil hagard : « Non, car je suis une femme libre, et non une bonne d'enfants. » Alors moi doucement : « Dieu te traitera avec indulgence, ma sœur, car tu as eu une servitude plus pesante qu'aucun esclave, et la moitié de la terre la plus abondante te reste cachée. Les premiers dix ans de la vie d'un homme appartiennent à sa mère, et du crépuscule à l'aurore la femme peut à coup sûr commander à son mari. Est-ce une grande chose que de rester là durant les heures de veille tandis que les hommes s'en vont au dehors sans que tes mains les retiennent par la bride ? » Alors elle s'étonna d'entendre un païen parler ainsi : c'est pourtant une femme honorée parmi ces hommes et elle professe ouvertement n'avoir pas de profession de foi dans la bouche. Lis ceci dans l'oreille du Rao Sahib et demande-lui comment il en irait pour moi si je lui rapportais une pareille femme pour son usage. Ce serait pis que cette fille jaune du désert de Cutch qui, par simple divertissement, excitait les filles à se battre, et qui souffleta le jeune prince sur la bouche. Te souviens-tu ?

En vérité, la source principale du pouvoir est corrompue d'être restée tranquille longtemps. Ces hommes et ces femmes voudraient faire de l'Inde entière un gâteau de bouse et aspireraient à laisser dessus la trace de leurs doigts. Et ils ont le pouvoir et la gestion des finances, et c'est pourquoi je suis si détaillé dans ma description. *Ils ont autorité sur l'Inde entière.* Ce dont ils parlent, ils n'y comprennent rien, car l'âme d'un homme de basse naissance est limitée à son champ et il ne saisit pas la liaison des affaires d'un pôle à l'autre. Ils se vantent ouvertement que le Vice-Roi et les autres sont leurs serviteurs. Quand les maîtres sont fous, que feront les serviteurs ?

Les uns prétendent que toute guerre est un péché, et la mort la plus grande menace devant Dieu. D'autres déclarent avec le Prophète qu'il est mal de boire, enseignement auquel leurs rues apportent un évident témoignage ; et il en est d'autres, particulièrement de basse naissance, qui estiment que toute domination est perverse et la souveraineté de l'épée maudite. Ceux-ci me firent des protestations, s'excusant pour ainsi dire que les gens de leur race fussent en possession de l'Hindoustan, et espérant qu'un jour ils en partiraient. Connaissant bien la race d'hommes blancs qu'il y a dans nos frontières, j'aurais volontiers ri, mais m'en abstins, me rappelant que ces discoureurs avaient du pouvoir dans l'opération de compter les têtes. D'autres encore déclament bien haut contre les impositions de la partie de l'Hindoustan soumise à la loi du Sahib. A ceci j'acquiesce, me rappelant la générosité annuelle du Rao Sahib lorsque les turbans des soldats circulent parmi les blés flétris, et que les bracelets des femmes vont chez le fondeur. Mais je ne suis pas un bon discoureur. C'est là le devoir des gars du Bengale... ces ânes montagnards au braiment oriental... Mahrattes de Pouna, et autres semblables. Ceux-ci, se trouvant parmi des sots, se font passer pour des fils de personnages, alors que, élevés par charité, ils sont les rejetons de marchands de grains, de corroyeurs, de vendeurs de bouteilles et de prêteurs d'argent, comme tu sais. Or, nous autres de Jagesur ne devons rien, en dehors de l'amitié, aux Anglais qui nous ont conquis par l'épée et, nous ayant conquis, nous laissent libres, assurant pour toujours la succession du Rao Sahib. Mais ces gens de basse naissance qui ont acquis leur savoir grâce à la générosité du gouvernement, poussés par l'appât du gain se vêtent de costumes anglais, abjurent la foi de leurs pères, répandent des bruits contraires au gouvernement, et sont en conséquence très chers à certains des Six Cents. J'ai entendu ce bétail parler en princes et en meneurs de peuples, et j'ai ri, mais pas tout à fait.

Il arriva une fois que le fils de quelque marchand de grain, attiré et parlant à la façon des Anglais, s'assit à table à côté de moi. A chaque bouchée il commettait un parjure à l'encontre du sel qu'il mangeait : hommes et femmes l'applaudissaient. Après avoir, par d'habiles travestissements, glorifié l'oppression et inventé des griefs inédits, tout en reniant ses dieux à ventre en tonneau, il demanda au nom de son peuple le gouvernement de tout notre pays et, se tournant vers moi, me posa la main sur l'épaule et dit : « Voici quelqu'un qui est avec nous, bien qu'il professe une autre religion : il confirmera mes paroles. » Cela il le proféra en anglais, et m'exhiba pour ainsi dire à la société. Gardant une mine souriante, je lui répondis dans notre langue à nous : « Retire ta main, homme sans père, ou sinon la folie de ces gens ne te sauvera pas, et mon silence ne sauvegardera pas ta réputation. Recule-toi, bétail. » Et dans leur langage je repris : « Il dit vrai. Quand la faveur et la sagesse des Anglais nous accordera une part encore un peu plus grande dans le fardeau et la récompense, les Musulmans s'entendront avec les Hindous. » Lui seul comprit ce qu'il y avait dans mon cœur. Je fus généreux envers lui parce qu'il accomplissait nos vœux ; mais souviens-toi que son père est un certain Durga Charan Laha, à Calcutta. Pose ta main sur son épaule à lui, si jamais le hasard te l'envoie. Il n'est pas bon que des vendeurs de bouteilles et des commissaires-priseurs portent la main sur des fils de princes. Je me promène parfois en public avec cet homme afin que tout ce monde sache qu'Hindou et Musulman ne sont qu'un, mais quand nous arrivons dans les rues moins fréquentées je lui ordonne de marcher derrière moi, ce qui est pour lui un honneur suffisant.

Et pourquoi ai-je mangé de la poussière ?

Ainsi, mon frère, semble-t-il à mon cœur, qui s'est presque brisé en assistant à ces choses. Les Bengalis et les gars élevés par charité savent bien que le pouvoir de gouverner du Sahib ne lui vient ni du Vice-Roi ni du chef de l'armée, mais des mains des Six Cents de cette ville, et en particulier de ceux qui parlent le plus. Chaque année donc ils s'adresseront de plus en plus à cette protection, et agissant sur la chlorose de la terre, selon leur coutume invariable, ils feront en sorte à la fin, grâce à l'intervention perpétuellement inspirée aux Six Cents, que la main du gouvernement de l'Inde deviendra inefficace, en sorte qu'aucune mesure ni ordre ne puisse être exécuté jusqu'au bout sans clameur et objection de leur part ; car tel est le plaisir des Anglais à cette heure. Ai-je excédé les bornes du possible ? Non. Tu dois même avoir appris que l'un des Six Cents, n'ayant ni savoir ni crainte ni respect devant les yeux, a fait par jeu un nouveau plan écrit touchant le gouvernement du Bengale et le montre ouvertement à tous, tel un roi qui lirait sa proclamation de couronnement. Et cet homme, se mêlant des affaires d'État, parle dans le Conseil pour un ramassis de corroyeurs, de faiseurs de bottes et de harnais, et se vante ouvertement de n'avoir pas de Dieu. Un ministre quelconque de l'Impératrice, l'Impératrice elle-même, le Vice-Roi ou quelque autre, ont-ils élevé la voix contre cet homme-cuir ? Son pouvoir n'est-il donc pas à rechercher avec celui des autres qui pensent comme lui ? Tu vas en juger.

Le télégraphe est le serviteur des Six Cents, et tous les sahibs de l'Inde, sans en excepter un, sont les serviteurs du télégraphe. Chaque année aussi, tu le sais, les gens élevés par charité vont tenir ce qu'ils appellent leur Congrès, d'abord en un lieu puis en un autre, excitant dans l'Hindoustan des bruits, conformément au bavardage de la populace d'ici, et réclamant pour eux, à l'instar des Six Cents, la direction des finances. Et ils feront retomber chaque détail et lettre sur la tête des gouverneurs et des lieutenants-gouverneurs, et de quiconque détient l'autorité, et la jetteront à grands cris aux pieds des Six Cents d'ici ; et certains de ces confondeurs de mots et les femmes stériles acquiesceront à leurs demandes, et d'autres se lasseront de les contredire. Ainsi une nouvelle confusion sera jetée dans les conseils de l'Impératrice pendant même que l'île ici proche est aidée et soutenue dans la guerre sourde dont j'ai parlé. Alors chaque année, comme ils ont commencé à le faire, et comme nous l'avons vu, les hommes de basse naissance des Six Cents désireux d'honneurs s'embarqueront pour notre pays, et, y restant un peu de temps, amasseront autour d'eux et feront les flatteurs devant les gens élevés par charité, et ceux-ci en partant d'auprès d'eux ne manqueront pas d'informer les paysans, et les guerriers pour qui il n'est pas d'emploi, qu'il y a un changement proche, et qu'on vient à leur secours d'au delà des mers. Cette rumeur ne s'amoindrira pas en se répandant. Et, surtout, le Congrès n'étant pas sous l'œil des Six Cents — lesquels, bien qu'ils fomentent la discorde et la mort, affectent un grand respect de la loi qui n'est pas une loi — va, dans sa marche oblique, débiter aux paysans des paroles troublantes, parlant, comme il l'a déjà fait, de diminuer les impôts, et permettant une nouvelle constitution. Cela est à notre avantage, mais la fleur du danger réside dans la graine de celui-ci. Tu sais quel mal une rumeur peut faire ; bien que dans l'Année Noire où toi et moi étions jeunes, notre fidélité aux Anglais ait procuré du bénéfice au Jagesur et élargi nos frontières, car le gouvernement nous a donné du territoire des deux côtés. Du Congrès lui-même rien n'est à craindre que dix miliciens ne pourraient écarter ; mais si ses paroles troublent trop tôt les esprits de ceux qui attendent *ou des princes dans l'oisiveté*, une flamme peut naître avant le temps, et comme il y a maintenant beaucoup de mains blanches pour l'étouffer, tout reviendra à son état premier. Si la flamme est tenue cachée, nous n'avons rien à craindre, parce que, suant et pantelant, et l'un foulant l'autre aux pieds, les blancs d'ici creusent leurs propres tombes. La main du Vice-Roi sera liée, les cœurs des sahibs seront abattus, et tous les yeux se tourneront vers l'Angleterre en dépit de tous les ordres. Jusque-là, notant le compte sur la poignée de l'épée, jusqu'à l'heure où l'on pourra régler par le fer, il est de votre rôle de seconder les Bengalis et de leur montrer beaucoup de bon vouloir, afin qu'ils puissent acquérir la direction des finances et les fonctions. Il nous faut même écrire en Angleterre que nous sommes du même sang que les gens d'école. L'attente ne sera pas longue ; non, par ma tête, elle ne sera pas longue ! Ces gens-ci sont pareils au grand roi Ferisht, lequel, rongé par les gales d'une longue oisiveté, arracha sa couronne et dansa nu parmi les amas de bouse. Mais moi je n'ai pas oublié le but profitable de ce conte. Le vizir le mit sur un cheval et le conduisit à la bataille. Bientôt il recouvra la santé et il fit graver sur sa couronne :

Bien que le roi m'ait rejetée

Malgré cela, par Dieu, je suis revenue à lui et il a ajouté à mon éclat

Deux beaux rubis (Balkh et Iran).

Si ces gens-ci étaient purgés et saignés par la bataille, leur maladie s'en irait peut-être et leurs yeux s'ouvriraient aux nécessités des choses. Mais ils sont maintenant très avancés dans la corruption. Même l'étalon, trop longtemps entravé, oublie l'art de combattre ; et ces hommes sont des mulets. Je ne mens pas quand je dis qu'à moins qu'ils ne soient saignés et ne reçoivent la leçon du fouet, ils prêteront l'oreille et obéiront à tout ce qui est dit par le Congrès et par les hommes noirs d'ici, qui espèrent convertir notre pays en leur propre géhenne désordonnée. Car les hommes des Six Cents, étant pour la plupart de basse naissance et inaccoutumés à l'autorité, ont un grand désir d'exercer le pouvoir, en étendant leurs bras vers le soleil et la lune et en criant très fort afin d'entendre l'écho de leurs voix, chacun disant quelque nouveauté étrange, et répartissant les biens et l'honneur d'autrui parmi les rapaces, dans le but d'obtenir la faveur du vulgaire. Et tout cela est à notre avantage.

Écris donc, afin qu'ils les lisent, des paroles de gratitude et d'amour de la loi. Moi-même, à mon retour, je montrerai comment il faut dresser le plat pour séduire le goût d'ici ; car c'est ici que nous devons nous adresser. Fais fonder en Jagesur un journal, et emplis-le de traductions de leurs journaux. Pour trente roupies par mois on peut faire venir de Calcutta un homme élevé par charité, et s'il écrit en gurmukhi notre peuple ne saura pas le lire. Crée aussi des conseils autres que les panchayats de chefs, village par village et région par région, les instruisant par avance de ce qu'ils diront conformément à l'ordre du Rao. Imprime toutes ces choses en anglais dans un livre et envoie-le à cette ville-ci, et à chacun des Six Cents. Ordonne à l'homme élevé par charité d'écrire en tête de tout, que Jagesur progresse vite dans la civilisation anglaise. Si tu pressures le temple hindou de Theegkot, et qu'il soit mûr, remets la taxe de capitation, et voire même la taxe de mariage, avec grande publicité. Mais par-dessus toutes choses tiens les troupes prêtes, et bien payées, dussions-nous glaner le chaume avec le froment et restreindre les femmes du Rao. Tout doit se faire en douceur. Toi, proteste de ton amour en toutes choses pour la voix du vulgaire, et affecte de mépriser les troupes. Cela sera pris pour un témoignage, dans ce pays-ci. Il faut que le commandement des troupes m'appartienne. Veille à ce que l'esprit de Bahadur Shah s'en aille à la dérive sur le vin, mais ne l'envoie pas à Dieu. Je suis vieux, mais je vivrai peut-être encore assez pour le régenter.

A moins que ce peuple ne soit saigné et ne recouvre de la force, nous surveillerons la montée du flot, et quand nous verrons que l'ombre de leur main s'est presque retirée de l'Hindoustan, il nous faudra donner ordre aux Bengalis de demander le rappel du restant ou répandre le mécontentement à cette fin. Il nous faut avoir soin de ne pas blesser la vie des Anglais, ni l'honneur de leurs femmes, car en ce cas six fois les Six Cents d'ici ne pourraient retenir ceux qui restent de faire nager la terre dans le sang. Il nous faut prendre soin qu'ils ne soient pas bousculés par les Bengalis, mais honorablement escortés, tant que la terre sera courbée sous la menace de l'épée s'il tombe un cheveu de leurs têtes. Ainsi nous acquerrons une bonne réputation, car pourvu que la révolte n'entraîne pas d'effusion de sang, comme il s'est récemment produit dans un pays lointain, les Anglais, au mépris de l'honneur, l'appellent d'un nouveau nom : même quelqu'un qui a été ministre de l'Impératrice mais qui est maintenant en guerre avec la loi, la loue publiquement en présence du vulgaire. Tant ils ont changé depuis les temps de Nikhal Seyn[30] ! Et alors, si tout va bien et si les sahibs, à force de rebuffades et d'humiliations ayant perdu tout courage, se voient eux-mêmes abandonnés des leurs — car ce peuple a déjà laissé ses plus grands hommes mourir sur le sable aride par suite de retards et par crainte de la dépense — nous pourrons aller de l'avant. Ces gens sont menés par les noms. Il faut donc donner un nouveau nom à la constitution de l'Hindoustan (et cela c'est affaire à régler par les Bengalis entre eux) et il y aura maints écrits et serments d'amour, tels que la petite île d'outre-mer en fait quand elle s'apprête à lutter plus âprement ; et lorsque le restant aura diminué, l'heure sera venue où nous devrons frapper si fort que l'épée ne soit plus jamais en question.

[30] Nicholson, Anglais d'une certaine notoriété, jadis dans l'Inde. (*Note de Kipling.*)

Par la grâce de Dieu et la vigilance des sahibs depuis de nombreuses années, l'Hindoustan contient beaucoup de butin, que nous ne pouvons en aucune façon dévorer promptement. Il y aura à notre disposition le mécanisme de l'administration, car les Bengalis continueront à faire notre besogne, et devront nous rendre compte des impôts, et apprendre leur place dans l'ordre des choses. Si les rois hindous de l'ouest doivent intervenir dans le partage de cette dépouille avant que nous ne l'ayons entièrement ramassée, tu le sais mieux que moi ; mais sois certain que, alors, de robustes mains s'en prendront à leurs trônes, et il se peut que les jours du roi de Delhi reviennent, à la condition que nous, courbant nos volontés, affections un respect convenable pour les apparences extérieures et les noms. Tu te rappelles ce vieux poème :

Si tu ne l'avais pas appelé Amour, j'aurais dit que c'était une épée nue.

Mais puisque tu as parlé, je te crois… et je meurs.

J'ai l'espoir qu'il restera dans notre pays quelques sahibs non désireux de regagner l'Angleterre. Ceux-ci, nous devons les choyer et les protéger, afin que leur adresse et leur ruse nous permette de maintenir et de sauvegarder l'unité en temps de guerre. Les rois hindous n'oseront jamais introduire un sahib au sein de leurs conseils. Je répète que si nous de la Foi avons confiance en eux, nous foulerons aux pieds nos ennemis.

Tout ceci est-il un songe pour toi, renard gris de la portée de ma mère ? Je t'ai écrit ce que j'ai vu et entendu, mais de la même argile deux hommes ne façonneront jamais assiettes semblables, pas plus qu'ils ne tireront mêmes conclusions des mêmes faits. Une fois de plus, il y a une chlorose sur tous les gens de ce pays. Dès à présent ils mangent de la poussière pour satisfaire leurs envies. La pondération et l'honneur ont abandonné leurs conseils, et le couteau de la dissension a fait tomber sur leurs têtes la moustiquaire de la confusion. L'Impératrice est vieille. On parle irrespectueusement d'elle et des siens dans la rue. On méprise l'épée et on croit que la langue et la plume dirigent tout. Leur ignorance et leur crédulité dépassent en grandeur la sagesse de Salomon, fils de David. J'ai vu toutes ces choses, moi qu'ils considèrent comme une bête sauvage et un phénomène. Par Dieu Illuminateur de l'Intelligence, si les sahibs de l'Inde pouvaient produire des fils qui vivent assez longtemps pour fonder leurs maisons, j'irais presque jeter mon épée aux pieds du Vice-Roi, en disant : « Combattons ici à nous deux pour un royaume, le tien et le mien, sans nous soucier des cancans d'outre-mer. Écris aux Anglais une lettre disant que nous les aimons, mais que nous voulons nous séparer de leur camp et tout nettoyer sous une nouvelle couronne. » Mais dans notre pays les sahibs meurent à la troisième génération, et il se peut que je fasse des rêves. Pas tout à fait cependant. Jusqu'à ce qu'un éclatant fléau d'acier et de carnage, le poids des fardeaux, la crainte pour sa vie, et la fureur brûlante de l'outrage — car la pestilence les démoraliserait, si les yeux assez habitués aux hommes voient clair — accable ce peuple, notre chemin est sûr. Ils sont malades. La Source du Pouvoir est un ruisseau que tous peuvent souiller : et les voix des hommes sont couvertes par les cris des mulets et les hennissements des juments stériles. Si l'adversité les rend sages, alors, mon frère, frappe avec et pour eux, et plus tard, quand toi et moi serons morts, et que la maladie se développera de nouveau (les jeunes hommes élevés à l'école de la crainte et du tremblement et de la confusion des mots ont encore à vivre leur temps prescrit), ceux qui ont combattu aux côtés des Anglais pourront demander et recevoir ce qu'ils voudront. A présent efforce-toi en secret de troubler, de retarder, d'éluder, et de rendre inefficace. Dans ces choses six douzaines des Six Cents sont nos vrais alliés.

Maintenant la plume et l'encre et la main me défaillent à la fois, comme te défailliront les yeux à cette lecture. Fais connaître à ceux de ma maison que je reviendrai bientôt, mais laisse-leur ignorer l'heure. Des lettres anonymes me sont parvenues concernant mon honneur. L'honneur de ma maison est le tien. Si elles sont, comme je le crois, l'œuvre d'un valet renvoyé, Futteh Lal, qui courait à la queue de mon étalon katthiawar couleur lie de vin, son village est au delà de Manglôt ; veille à ce que sa langue cesse de s'exercer sur les noms de celles qui sont miennes. S'il en est autrement, mets une garde sur ma maison jusqu'à mon retour, et veille spécialement à ce que nuls vendeurs de joaillerie, astrologues ou entremetteurs n'aient accès aux appartements des femmes. Nous nous élevons par nos esclaves, et par nos esclaves nous tombons, comme il est dit. A tous ceux qui sont de ma connaissance j'apporte des présents selon qu'ils en sont dignes. J'ai parlé deux fois du présent que je voudrais faire donner à Bahadur Shah.

La bénédiction de Dieu et de son Prophète soit sur toi et les tiens jusqu'à la fin qui est prescrite. Donne-moi aussi du bonheur en m'informant de l'état de ta santé. Je mets ma tête aux pieds du Rao Sahib ; mon épée est à son côté gauche, un peu plus haut que mon cœur.

Suit mon sceau.

JUDSON ET L'EMPIRE

Fumée de gloire ! Le « don[31] » est libre de nous attaquer,

Bien qu'il ait le cœur faible :

Il lui faut nous atteindre avant de nous défaire…

Mais où sont les galions d'Espagne ?

Dobson.

[31] Terme de mépris, appliqué aux Espagnols et Portugais, ainsi qu'à leurs cousins du Sud-Amérique.

Parmi les multiples beautés de l'état démocratique, figure un talent quasi surhumain de se créer des ennuis avec les autres nations et de trouver son honneur lésé dans la circonstance. Une vraie démocratie professe un dédain énorme à l'égard de tous les autres pays gouvernés par des rois, reines et empereurs, et connaît peu leurs affaires intérieures, dont elle se soucie encore moins. Tout ce qui l'intéresse, c'est sa propre dignité, qui est pour elle le roi, la reine et le valet. Aussi, tôt ou tard, leurs différends internationaux aboutissent chez le vulgaire sans dignité, qui lance par-dessus les mers les basses injures de la rue, sans dignité elle non plus, afin de venger leur neuve dignité. Il se peut que la guerre en résulte ou non ; mais les chances ne sont pas en faveur de la paix.

Un avantage de vivre en un pays civilisé qui est réellement gouverné, réside dans ce fait que tous les rois, reines et empereurs du continent sont apparentés de près par le sang ou par le mariage ; qu'ils forment, pour tout dire, une vaste famille.

Chez eux les esprits intelligents comprennent que ce qui paraît être une injure préméditée n'est souvent dû qu'à la dyspepsie d'un homme ou aux vapeurs d'une femme, et qu'il sied de la traiter comme telle, et de s'expliquer tranquillement. De même, une démonstration populaire, ayant à sa tête le roi et la cour, peut signifier tout simplement que le peuple des susdits roi et cour leur échappe pour le moment. Quand un cheval se met à ruer dans la foule qui se presse à une porte, le cavalier ne saute pas à bas, mais il tend derrière lui sa main ouverte, et les autres s'écartent. Il en va ainsi pour les meneurs d'hommes. Dans l'ancien temps ils guérissaient leur mauvaise humeur et celle de leurs peuples par le feu et le carnage ; mais maintenant que le feu a acquis une si longue portée et le carnage tant d'extension, ils agissent différemment ; et peu de gens parmi leurs peuples soupçonnent combien ceux-ci doivent d'existences et d'argent à ce que le jargon de l'heure appelle « hochets » et « vanités ».

Il y avait une fois une petite puissance, le débris à demi ruiné d'un empire jadis grand, qui perdit patience avec l'Angleterre, ce Père Fouettard du monde entier, et se conduisit, de l'avis unanime, très scandaleusement. Mais on ignore en général que cette puissance soutint une bataille rangée avec l'Angleterre et remporta une glorieuse victoire.

Les difficultés commencèrent chez les gens du peuple. Ils avaient subi des malheurs nombreux, et cela soulage toujours l'irritation privée de s'exhaler en vitupérations publiques. Leur orgueil national avait été blessé profondément, et ils songeaient à leurs gloires de jadis et aux temps où leurs flottes avaient pour la première fois doublé le cap des Tempêtes : leurs journaux invoquaient Camoens et les poussaient aux extravagances. C'était, paraît-il, l'Angleterre, cette grossière, flatteuse, doucereuse et menteuse Angleterre, qui entravait les progrès de leur expansion coloniale. Ils supposèrent d'emblée que leur gouvernant était de connivence avec l'Angleterre, et ils proclamèrent avec beaucoup de chaleur qu'ils voulaient sur-le-champ se mettre en république et développer leurs colonies comme il sied à un peuple libre. Ceci étant posé, la populace lapida les consuls anglais, conspua les dames anglaises, cerna les marins ivres de notre flotte qui se trouvaient dans ses ports, les frappant à coups d'avirons, suscita les pires désagréments pour les touristes, à la douane, et menaça de morts affreuses les malheureux poitrinaires de Madère, cependant que les jeunes officiers de l'armée buvaient des élixirs de fruits et entraient dans les plus horrifiques conspirations contre leur monarque : le tout dans le but de se mettre en république, Or, l'histoire des républiques sud-américaines démontre que cela ne vaut rien pour les Européens du sud d'être également des républicains. Ils glissent trop promptement à la dictature militaire ; et quant à ce qui est de coller au mur les gens et de les fusiller en série, cela peut s'effectuer beaucoup plus économiquement et avec moins de répercussion sur le taux des décès, par une monarchie stricte. Néanmoins les exploits de cette puissance en tant que représentée par son peuple, étaient des plus gênants. C'était le cheval qui rue dans la foule, et le cavalier protestait sans doute qu'il ne pouvait l'empêcher. Ainsi le peuple savourait toutes les beautés de la guerre sans aucun de ses inconvénients, et les touristes qu'on avait lapidés au cours de leurs pérégrinations regagnaient passivement l'Angleterre et déclaraient au *Times* que l'organisation de la police laissait à désirer dans les villes étrangères.

Telle était donc la situation au nord de l'équateur. Au sud, elle était plus tendue, car là-bas les puissances étaient directement aux prises : l'Angleterre, incapable de reculer parce qu'elle sentait derrière elle la pression de ses fils aventureux et à cause des agissements de lointains aventuriers qui, se refusant à lâcher prise, conseillaient d'acheter la puissance rivale ; et celle-ci, qui manquait d'hommes ou d'argent, figée dans la conviction que trois cents ans d'esclavagisme et de mélange avec les indigènes les plus voisins, lui conféraient le droit inaliénable de garder des esclaves et de procréer des métis pour toute l'éternité. Ces gens-là n'avaient pas construit de routes. Leurs villes s'effritaient entre leurs mains ; ils n'avaient pas un commerce suffisant pour faire le fret d'un méchant cargo ; et leur souveraineté sur l'intérieur ne s'étendait pas tout à fait à une portée de fusil lorsque la tranquillité régnait. Ces raisons mêmes augmentaient leur fureur, et les choses qu'ils disaient ou écrivaient concernant les us et coutumes des Anglais, auraient fait courir aux armes une nation plus jeune qui eût présenté une longue facture sanglante pour son honneur outragé.

C'est alors que le destin envoya là-bas sur une canonnière à deux hélices et à faible tirant d'eau, d'environ deux cent soixante-dix tonnes de jauge et construite pour la défense des fleuves, le lieutenant Harrison Edward Judson, destiné à recevoir par la suite le nom de Judson-Pardieu. Son espèce de bâtiment avait tout à fait l'air d'une plate en fer avec une allumette piquée au milieu ; il tirait cinq pieds d'eau à peine, portait à l'avant un canon de quatre pouces, dont le pointage dépendait du navire même, et à cause de son roulis incessant, valait pour l'habitabilité trois fois moins qu'un torpilleur. Quand Judson fut désigné pour prendre le commandement de cet objet au cours de son petit voyage de six ou sept mille milles dans le sud, et qu'il alla l'examiner dans le bassin, sa première réflexion fut : « Pardieu, ce mât d'hune[32] a besoin d'être étayé de l'avant ! » Ce mât d'hune était une baguette à peu près grosse comme un portemanteau ; mais la plate en fer était le premier bâtiment que commandât Judson, et celui-ci n'aurait pas échangé sa position contre celle de second sur l'*Anson* ou le *Howe*.

[32] La prononciation nautique n'aspire pas l'*h* de *hune*.

Il le fit donc naviguer, sous escorte, avec amour et tendresse, jusqu'au Cap (où l'histoire du mât d'hune arriva en même temps que lui), et il était si éperdument amoureux de son baquet vacillant que, lorsqu'il alla se présenter à l'amiral de la station, celui-ci jugea superflu de gâcher un nouvel homme sur ce bateau-là, et permit à Judson de garder son peu enviable commandement.

L'amiral visita une fois la canonnière dans la baie Simon, et il la trouva pitoyable, même pour une plate en fer, destinée uniquement à la défense des fleuves et des ports. Malgré l'enduit de liège en poudre qui revêtait sa peinture intérieure, son entrepont suait des gouttes d'humidité visqueuse. Elle roulait comme une bouée dans la longue houle du Cap ; son poste d'équipage était une niche à chien ; la cabine de Judson était quasi sous la ligne de flottaison ;

impossible d'ouvrir un hublot ; et son compas, grâce à l'influence du canon de quatre pouces, était un phénomène parmi les compas de l'Amirauté eux-mêmes. Mais Judson-Pardieu rayonnait d'enthousiasme. Il avait même réussi à communiquer la flamme de sa passion à Davies, l'ouvrier mécanicien de seconde classe qui lui servait de mécanicien principal. L'amiral, qui se souvenait de son premier commandement personnel, et de certaine nuit humide où l'amour-propre lui avait interdit de mollir une seule écoute, ce qui ne manqua point de réduire en lambeaux son gréement, examina la plate avec attention. Les « défenses » étaient revêtues entièrement de tresse blanche, vraiment blanche ; le gros canon était verni avec un produit meilleur que n'en fournissait l'amirauté ; les hausses de rechange étaient rangées avec autant de soin que les chronomètres ; les coussins d'emplanture pour espars de rechange, au nombre de deux, étaient faits en bois de teck de Birmanie de quatre pouces d'épaisseur, et ornés de têtes de dragons sculptées (c'était là un souvenir des aventures de Judson-Pardieu avec la brigade navale dans la guerre de Birmanie) ; l'ancre de bossoir était vernie et non peinte ; et il y avait des cartes autres que celles dressées à l'échelle de l'amirauté. L'amiral fut très satisfait, car il aimait les chefs soigneux de leur navire… ceux qui ont un peu d'argent à eux et consentent à le dépenser pour le bâtiment sous leurs ordres. Judson le regardait avec espoir. Il n'était qu'un jeune lieutenant de vaisseau de huit ans de grade. On pouvait le laisser six mois dans la baie Simon, alors que tenir la mer avec son navire faisait sa joie.

Son rêve secret était de rehausser le morne gris officiel de son bâtiment par un listel de dorure, voire même une petite volute à son avant épaté de bélandre.

— Il n'y a rien de tel qu'un premier commandement, pas vrai ? lui dit l'amiral, qui lisait dans sa pensée. Mais il me semble que vous avez là un drôle de compas. Vous devriez le faire régler.

— Ce n'est pas la peine, amiral, lui répondit Judson. Ce canon affolerait le pôle nord lui-même. Mais… mais j'ai saisi le sens de la plupart de ses anomalies.

— Voulez-vous avoir l'obligeance de hausser le pointage de trente degrés, je vous prie ?

On releva le canon. L'aiguille libérée vira sur son pivot avec allégresse, et l'amiral sifflota.

— Vous avez sans doute gardé le contact avec votre convoyeur ?

— Je l'ai vu deux fois entre Madère et ici, amiral, répondit en rougissant Judson, tout honteux pour son vapeur… La canonnière est… n'est pas encore bien au point, mais elle se réglera vite.

L'amiral quitta le bord, selon les rites du service, mais son capitaine d'état-major dut bavarder auprès des autres officiers de l'escadre mouillée dans la baie Simon, car durant plusieurs jours tous, sans exception, firent des gorges chaudes de la plate.

— Qu'est-ce que vous pouvez bien en tirer, Judson ? demanda le lieutenant de la *Mongoose*, une authentique canonnière à éperon, peinte en blanc et munie de canons à tir rapide, au moment où, par une chaude après-midi, Judson entrait dans la véranda supérieure du petit club nautique dominant l'arsenal.

C'est dans ce club, où les capitaines vont et viennent, qu'on entend tous les cancans des sept mers tout entières.

— Dix nœuds quatre, répondit Judson-Pardieu.

— Oh ! ça, c'était lors de ses essais. A présent elle est trop plongée de l'avant. Je vous l'avais bien dit, qu'en étayant ce mât d'hune vous la déséquilibreriez.

— Fichez-moi la paix avec mon mât d'hune, répliqua Judson, qui commençait à trouver la plaisanterie fastidieuse.

— Oh ! mon chéri ! Écoutez donc Juddy, avec son mât d'hune ! Keate, avez-vous entendu parler du mât d'hune de la plate ? Vous êtes prié de lui ficher la paix. Le commodore Judson est blessé dans ses sentiments.

Keate était le lieutenant torpilleur du gros *Voltigern*, et il dédaignait les petitesses.

— Son mât d'hune, dit-il tranquillement. Ah oui, oui, bien entendu… Juddy, il y a un banc de mulets dans la baie, et je crains qu'ils ne s'en prennent à vos hélices. Vous feriez bien de descendre et de veiller à ce qu'ils ne vous emportent quelque chose.

— Je n'ai pas l'habitude de me laisser emporter des choses. Vous voyez bien que, moi, je n'ai pas de lieutenant torpilleur à mon bord, Dieu merci !

Sur le *Voltigern*, au cours de la semaine précédente, Keate avait réussi à « louper » l'élingage d'un petit torpilleur, si bien que ce bâtiment avait brisé les supports sur lesquels il reposait, et se trouvait à cette heure en réparation dans l'arsenal, sous les fenêtres du club.

— Attrapez, Keate ! N'importe, Juddy, vous voilà quand même nommé pour trois ans gardien de l'arsenal : si vous êtes bien gentil, un jour qu'il n'y aura pas trop de mer, vous m'emmènerez faire le tour du port. Attendez un peu, commodore… Qu'est-ce que vous prenez ? Un « vanderhum » pour « le cuisinier et le hardi capitaine, et le second du brick Nancy et le fidèle maître d'équipage » (Juddy, déposez cette queue de billard, ou sinon je vous mets aux arrêts pour outrage envers le lieutenant d'un authentique navire)… « et le midship et l'équipage du youyou du capitaine. »

A ce moment Judson l'avait acculé dans un coin et le pilonnait à l'aide d'une queue de billard. Le secrétaire de l'amiral entra, et du seuil vit la dispute.

— Ouf ! Juddy, je vous fais mes excuses. Délivrez-moi de ce… hum… de ce mât d'hune ! Voici l'homme qui tient la corde de l'arc. Je souhaiterais être un capitaine d'état-major au lieu d'un fichu lieutenant. Sperril dort en bas toutes les nuits. C'est ce qui fait que Sperril a le buste bien d'aplomb. Sperril, je vous défends de me toucher ! Je suis en partance pour Zanzibar. Probable que je vais l'annexer.

— Judson, l'amiral vous demande ! dit le capitaine d'état-major, sans s'occuper du railleur de la *Mongoose*.

— Je vous le disais, que vous resteriez gardien de l'arsenal, Juddy. Demain, une côte de bœuf frais et trois douzaines de croquettes à la glace. A la glace, vous entendez, Juddy ?

Judson-Pardieu sortit avec le capitaine d'état-major.

— Dites donc, qu'est-ce que le vieux peut vouloir à Judson ? demanda Keate, du comptoir.

— Sais pas. Quand même, Juddy est un rudement brave type. Je voudrais bien l'avoir avec nous sur la *Mongoose*.

Le lieutenant de la *Mongoose* se laissa aller dans un fauteuil, et pendant une heure lut les journaux arrivés par la malle. Puis il aperçut Judson-Pardieu dans la rue et le héla. Les yeux très brillants, Judson tenait la tête très haute, et il marchait allégrement. Il ne restait plus dans le club que le lieutenant de la *Mongoose*.

— Judson, cela va être un beau combat, dit le jeune homme après avoir entendu les nouvelles débitées par l'autre à mi-voix. Vous aurez probablement à combattre, et pourtant je ne vois pas à quoi pense le vieux, de…

— J'ai reçu l'ordre de ne livrer combat sous aucun prétexte, dit Judson.

— Aller-regarder-voir ? Pas autre chose ? Quand partez-vous ?

— Ce soir si possible. Il faut que je m'en aille veiller aux préparatifs. Dites donc, j'aurais besoin de quelques hommes pour la journée.

— Tout ce qui est sur la *Mongoose* est à votre service. Voilà mon youyou qui arrive là-bas. Mort, ivre ou endormi, je connais cette côte, et vous aurez besoin d'en savoir le plus possible. Si nous avions pu être ensemble, nous deux ! Venez avec moi.

Durant une heure entière, Judson resta enfermé dans la chambre d'arrière de la *Mongoose*, à écouter et prendre des notes, penché sur des cartes successives, et durant une heure le matelot de garde à la porte n'entendit rien que des choses dans ce genre-ci : « Et puis s'il y a gros temps il vous faudra vous réfugier ici. Ce courant est ridiculement sous-évalué, et rappelez-vous qu'à cette époque de l'année il porte à l'ouest. Leurs bateaux ne vont jamais au sud de cette pointe, vous voyez ? Il est donc inutile de chercher après. » Et ainsi de suite indéfiniment. Étendu de tout son long sur le coffre voisin du trois-livres, Judson fumait en absorbant le tout.

Le lendemain il n'y avait plus de plate dans la baie Simon ; mais un petit nuage de fumée au large du cap Hangklip montrait que Davies, l'ouvrier mécanicien de deuxième classe, lui faisait donner son maximum. A la résidence de l'amiral, le vieux maître d'équipage retraité qui avait vu se succéder beaucoup d'amiraux, sortit son pot de couleur et ses pinceaux et donna une nouvelle couche de beau vert pomme tout pur aux deux gros boulets de canon qui ornaient, un de chaque côté, la porte cochère de chez l'amiral. Il pressentait qu'on était à la veille de grands événements.

Et la canonnière, construite, comme on l'a dit plus haut, pour la défense des fleuves, rencontra la grande houle du large au cap Agulhas : elle fut balayée de bout en bout, se cabra sur ses hélices jumelles, et bondit d'une lame à l'autre avec toute la grâce d'une vache dans une mare, tant et si bien que Davies en éprouva des craintes pour la solidité de sa machine, et que les gars Krou[33] qui composaient la majorité de l'équipage, en furent affreusement indisposés. Elle longea une côte très mal pourvue de phares, passa devant des baies qui n'en étaient pas, où de vilains écueils à tête plate se dissimulaient presque au ras de l'eau, et il lui arriva un grand nombre d'incidents extraordinaires, qui n'ont rien à voir avec notre histoire, mais qui furent tous dûment consignés par Judson-Pardieu sur son livre de bord.

[33] Krou : race indigène du Libéria.

A la fin, la côte se modifia : elle devint verdoyante et basse et excessivement vaseuse, et présenta de larges fleuves qui avaient pour barres de petites îles situées à une ou deux lieues en mer. Judson-Pardieu, se rappelant ce que lui avait dit le lieutenant de la *Mongoose*, serrait la terre de plus près que jamais. Il arriva enfin à un fleuve plein d'une senteur de fièvre et de vase : des végétations vertes croissaient dans les profondeurs de ses eaux, et le courant faisait haleter et grogner la plate.

— Nous allons remonter par là, dit Judson.

Ils remontèrent donc le fleuve. Davies se demandait ce que diantre tout cela signifiait, et les gars krou grimaçaient joyeusement. Judson alla se poster tout à l'avant, et il méditait, le regard perdu dans les eaux limoneuses. Après avoir fait route durant deux heures parmi cette désolation, à une vitesse moyenne de cinq milles à l'heure, la vue d'une bouée blanche au milieu du courant café au lait vint réjouir son regard. Précautionneusement, la canonnière s'en approcha, et un timonier alla dans un youyou prendre des sondages tout à l'entour, tandis que Judson réfléchissait en fumant, la tête penchée de côté. Il interrogea :

— Environ sept pieds, n'est-ce pas ? Ce doit être la queue du haut-fond. Il y a quatre brasses dans la passe. Abattez cette bouée à coups de hache. Je trouve qu'elle ne fait pas bien dans le paysage.

En trois minutes les gars krou eurent fait voler en éclats les flancs de bois de la bouée, et la chaîne d'amarrage sombra, entraînant les dernières esquilles. Judson mena prudemment la canonnière sur le lieu, tandis que Davies regardait, en se mordillant les ongles d'inquiétude.

— Pouvez-vous gagner contre ce courant ? lui demanda Judson.

Davies y parvint, un centimètre à la fois, et non sans peine. Au bossoir, Judson-Pardieu suivait sur le rivage l'apparition et la disparition successive de certains repères. Il fallut, pour satisfaire Judson, que la canonnière retournât se poster une seconde fois sur la queue du banc, à la place de l'ex-bouée, et reculât de nouveau. Après quoi on remonta le courant pendant une demi-heure, on mouilla dans les petits fonds proches du rivage, et on attendit, avec sur l'ancre une amarre de retenue en double.

— Il me semble, fit respectueusement observer Davies, que j'entends un canon tirer par intervalles, si j'ose dire.

Sans aucun doute il y avait dans l'air un sourd grondement.

— Il me semble, répliqua Judson, que j'entends aussi un bruit d'hélice.

Dix autres minutes s'écoulèrent. Le battement d'une machine devint plus net. Puis au tournant du fleuve surgit une fort élégante canonnière blanche munie d'un pavillon blanc et bleu qui portait à son centre un écusson rouge[34].

[34] Le pavillon portugais.

— Démaillez le guindeau arrière ! Mouillez les deux bouées ! En arrière doucement ! Larguez partout !

L'amarre de retenue en double jaillit du bord, les deux bouées plongèrent dans l'eau, pour marquer l'endroit où on laissait l'ancre et sa chaîne, et la plate reprit le milieu du courant, l'enseigne blanche[35] arborée à son unique mât.

[35] La grande enseigne des navires de guerre britanniques.

— Donnez toute la vapeur. Cet animal est plus rapide que nous, dit Judson. Et en route vers l'aval.

— C'est la guerre… la guerre, sacrédié ! Il va tirer, dit Davies qui regardait par l'écoutille de la machine.

Sans un mot d'explication, la canonnière blanche tira trois coups de canon qui réduisirent en charpie verte les arbres de la rive. Judson-Pardieu tenait la roue, et Davies, avec l'aide du courant, donnait au bateau une allure presque honorable.

Ce fut une chasse palpitante, mais qui ne dura pas plus de cinq minutes. La canonnière blanche tira de nouveau, et dans sa chambre de la machine Davies poussa un cri sauvage.

— Qu'est-ce qui se passe ? Touché ? demanda Judson-Pardieu.

— Non. Je viens de comprendre votre ruse de guerre. Excusez-moi, commandant.

— Ça va. Encore un petit rien de vitesse en plus.

Sans cesser de surveiller ses repères du rivage, qui se mettaient en ligne avec la prestesse de troupes désireuses de l'aider, Judson tourna la roue d'une main ferme. La plate flaira le haut-fond sous elle, hésita un instant, et passa.

— A présent nous y sommes. Venez-y donc, tas de brigands ! s'écria Judson.

La canonnière blanche, trop pressée même pour faire feu, se précipitait en trombe dans le sillage de la plate, gouvernant comme elle. Ce qui lui porta malheur, car le petit bâtiment se trouvait en plein sur l'ex-bouée.

— Qu'est-ce que vous faites par ici ? lança une voix, du bossoir.

— Je continue. Tenez ferme. Vous voilà installés.

Avec un grincement et un tintamarre, la canonnière blanche piqua du nez dans le haut-fond, et le limon roux se souleva sous son étrave en cercles vaseux. Puis, avec une lenteur pleine de grâce, le courant rabattit son arrière sur tribord et entraîna son flanc jusque sur le haut-fond. Elle s'y coucha sous un angle indécent, et son équipage poussa les hauts cris.

— Chic ! Oh ! n. d. D., chic ! lança Davies en trépignant sur les tôles de la machine, tandis que les soutiers krou rayonnaient.

La plate vira pour remonter de nouveau le courant, et passa sous le flanc bâbord incliné de la canonnière blanche, qui l'accueillit par des hurlements et des imprécations proférées en une langue étrangère. Le bateau échoué, montrant à l'air jusqu'à ses virures inférieures, était aussi inoffensif qu'une tortue sur le dos, sans l'avantage que sa carapace donne à cette dernière. Et l'unique grosse brute de canon qui armait l'avant de la plate était fâcheusement proche de lui.

Mais son capitaine était brave et blasphémait puissamment. Judson-Pardieu n'y fit pas la moindre attention. Son devoir était de remonter le fleuve.

— Nous allons venir avec une flottille de bateaux et écraser vos abjectes ruses ! prononça le capitaine, dans un langage qu'il est inutile de reproduire.

Alors Judson-Pardieu, qui était polyglotte :

— Vous rester-o où vous être-o, ou sinon je percer-o un trou-o dans votre coque-o qui vous rendra mucho transperçados.

La réplique contenait beaucoup de charabia, mais Judson-Pardieu fut hors de portée en peu de minutes, et Davies, homme pourtant sobre de paroles, confia à l'un de ses subordonnés que le lieutenant était « un officier des plus remarquablement prompts à vous régler ça ».

Durant deux heures la plate patouilla éperdument parmi les eaux boueuses, et ce qui n'était au début qu'un murmure devint distinctement une canonnade.

— On a déclaré la guerre ? demanda Davies, à l'hilarité de Judson-Pardieu. Alors, que le diable l'emporte, ce type a failli démolir ma jolie petite machine. Quand même, il y a de la guerre par là-haut.

Au prochain tournant ils découvrirent en plein un village minuscule mais fort animé, qui environnait une assez prétentieuse maison de pisé blanchie à la chaux. On voyait des sections nombreuses d'une soldatesque basanée, en uniformes blancs crasseux, courir çà et là et brailler alentour d'un individu couché dans une litière, et sur une pente douce qui s'étendait vers l'intérieur du pays, l'espace de deux ou trois kilomètres, une sorte de vif combat faisait rage à l'entour d'un fortin rudimentaire. Un relent de cadavres non enterrés emplissait l'air : il offusqua l'odorat sensible de Davies, qui cracha par-dessus bord.

— Je vais braquer ce canon-ci sur cette maison-là, dit Judson-Pardieu en désignant la plus haute habitation, par-dessus le toit en terrasse de laquelle flottait le pavillon bleu et blanc.

Les petites hélices jumelées firent voler l'eau, exactement comme une poule fait voler la poussière avec ses pattes, avant de s'y accroupir en un bain. Le petit bateau se tourna péniblement de gauche à droite, recula, dévia de nouveau, avança, et finalement la volée grise et terne du canon se braqua aussi ferme qu'un canon de fusil vers le but indiqué. Alors Davies se permit d'actionner le sifflet comme il n'est pas permis de le faire dans le service de Sa Majesté par crainte de gaspiller la vapeur. La soldatesque basanée du village se rassembla en troupes, en groupes et en tas, le feu cessa sur la pente, et tout le monde poussa de grands cris, excepté les gens de la plate. Quelque chose qui ressemblait à un vivat anglais arriva jusqu'à eux, porté par le vent.

— Nos gars en danger sérieux, probable, dit Davies. On doit avoir déclaré la guerre depuis des semaines, en quelque sorte, il me semble.

— Tenez-nous en place, espèce d'enfant de troupe ! beugla Judson-Pardieu, comme la pièce de canon s'écartait de la maison blanche.

Un projectile tinta sur les tôles avant de la plate avec la violence d'une cloche de navire, un projectile éclaboussa l'eau, et un autre creusa un sillon dans le plancher du pont, à trois centimètres en avant du pied gauche de Judson-Pardieu. La soldatesque basanée faisait feu à volonté, et l'individu en litière brandissait une épée flamboyante. Comme elle pointait sur le mur en pisé au fond du jardin de la maison, la bouche du gros canon recula d'un cran. Sa charge comportait quatre kilos de poudre inclus dans quarante de métal. Trois ou quatre mètres de pisé sursautèrent un peu, comme on sursaute quand on reçoit un coup de genou dans le creux du dos, et puis tombèrent en avant, s'étalant en éventail dans leur chute. La soldatesque ne tira plus ce jour-là, et Judson vit une vieille négresse apparaître sur le toit en terrasse de la maison. Elle farfouilla un instant parmi les drisses de pavillon, puis, les trouvant emmêlées, retira son unique vêtement, un jupon de couleur isabelle, et l'agita frénétiquement. L'individu en litière déploya un mouchoir blanc. Judson ricana.

— A présent nous allons leur en envoyer un par là-haut. Faites-nous virer, Davies. Au diable le canonnier qui a inventé ce genre d'affût flottant. Pourrai-je tirer à coup sûr sans massacrer l'un ou l'autre de ces petits diables ?

Le flanc de la hauteur était parsemé d'hommes qui se rabattaient vers la berge du fleuve, en désordre. Derrière eux s'avançait un corps peu nombreux mais très serré, formé d'hommes qui étaient sortis un par un du fortin. Ces derniers traînaient avec eux des canons à tir rapide.

— Pardieu, c'est une armée régulière. Je me demande à qui ? fit Judson-Pardieu.

Et il attendit la suite.

Les troupes descendantes rencontrèrent celles du village et se joignirent à elles ; puis, la litière à leur centre, se répandirent en masse vers le fleuve. Mais lorsque les hommes avec les canons à tir rapide arrivèrent derrière eux, ils se replièrent à droite et à gauche et le détachement passa au milieu.

— Flanquez-moi à l'eau ces sacrés outils-là ! commanda le chef de cette troupe.

Et l'un après l'autre dix petits gatlings firent le plongeon dans l'eau limoneuse. La plate était embossée proche de la rive.

— Quand vous aurez tout à fait fini, prononça poliment Judson-Pardieu, ça ne vous dérangerait pas de me dire ce qui se passe ? C'est moi qui commande ici.

— Nous sommes, répondit le chef, les pionniers de la Compagnie générale de mise en valeur. Voilà douze heures que ces petits crapauds-là n'ont cessé de nous harceler dans notre campement, et nous nous débarrassons de leurs gatlings. Il a fallu faire une sortie pour les prendre ; mais ils ont chipé les mécanismes de culasse... Enchanté de vous voir.

— Perdu du monde ?

— Personne de tué à vrai dire ; mais nous avons très soif.

— Êtes-vous capable de tenir vos hommes ?

L'individu se retourna et avec un ricanement considéra ses soldats. Ils étaient soixante-dix, tous poudreux et hirsutes.

— Nous ne saccagerons pas cette poubelle, si c'est cela que vous voulez dire. Sans en avoir l'air nous sommes ici, pour la plupart, des gens comme il faut.

— Parfait. Envoyez-moi à bord le chef de ce poste, ou fort, ou village, ou ce qu'on voudra, et tâchez de trouver un logement pour vos hommes.

— Nous trouverons bien un baraquement pour les caserner. Hé là-bas ! vous, l'homme à la litière, venez à bord de la canonnière.

Ses subordonnés firent demi-tour, s'avancèrent parmi la soldatesque dispersée, et se mirent à explorer le village, en quête de cases disponibles.

Le petit homme de la litière vint à bord en souriant avec gêne. Il était en uniforme de grand tralala, surchargé de plusieurs mètres de galon d'or et de gourmettes tintantes. Il portait en outre de largissimes éperons : le cheval le plus proche n'était guère qu'à six cents kilomètres de là.

— Mes enfants, prononça-t-il, tourné vers la soldatesque muette, déposez vos armes.

La plupart des hommes les avaient déjà rejetées et s'étaient installés pour fumer.

— Sous aucun prétexte, ajouta-t-il dans sa langue à lui, ne vous laissez aller à massacrer ceux qui se sont mis sous votre protection.

— A présent, dit Judson-Pardieu, qui n'avait pas saisi cette dernière phrase, voulez-vous avoir la bonté de m'expliquer ce que diantre signifie toute cette absurdité.

— C'était de nécessité, répondit le petit homme. Les opérations de guerre sont déplaisantes. Je suis gouverneur et fais fonction de capitaine. Voici mon épée !

— Au diable votre épée, monsieur ! Je n'en ai que faire. Vous avez tiré sur notre pavillon. Depuis huit jours vous ne cessez de tirer sur nos gens ici présents, et quand j'ai remonté le fleuve on m'a tiré dessus.

— Ah ! C'est la *Guadala*. Elle vous aura pris par erreur pour un négrier. Comment vont-ils sur la *Guadala* ?

— Prendre par erreur un vaisseau de Sa Majesté pour un négrier ! Vous prendriez n'importe quel bâtiment pour un négrier, vous ! Pardieu, monsieur, j'ai bonne envie de vous faire pendre à ma grand'vergue !

Ce qui ressemblait le plus à ce redoutable agrès était la badine de Judson, dans le porte-parapluie de sa cabine. Le gouverneur leva les yeux vers l'unique mât et eut un sourire de protestation suppliante.

— La position est embarrassante, dit-il. Capitaine, croyez-vous que ces illustres marchands vont brûler ma capitale ? Mon peuple va leur donner de la bière.

— Laissons les marchands, je veux une explication.

— Hum ! Il y a eu un soulèvement populaire en Europe, capitaine… dans mon pays.

Son œil parcourut vaguement l'horizon.

— Quel rapport cela a-t-il avec…

— Capitaine, vous êtes bien jeune. Il y a encore de l'espoir. Mais moi (et il se frappa la poitrine, à faire tinter ses épaulettes), moi, je suis royaliste jusqu'au tréfonds de toutes mes entrailles.

— Continuez, dit Judson, dont la bouche se crispait.

— L'ordre me parvient d'établir ici un poste de douane, et de prélever la taxe sur les marchands quand la nécessité les amène par ici. Cela résultait d'arrangements politiques entre votre pays et le mien. Mais aussi dans cette combinaison il n'y avait pas d'argent. Diable non ! pas le moindre caurie[36] ! Je souhaite diablement élargir toutes opérations commerciales, et pour cause ! Je suis royaliste, et il y a rébellion dans mon pays... Oui, je vous assure... la République toute prête à commencer. Vous ne me croyez pas ? Vous verrez un jour ce qu'il en est. Je ne puis établir ces postes de douane et payer ainsi les fonctionnaires à haute paye. De plus les gens de mon pays ils disent que le roi n'a pas souci de l'honneur de son peuple. Il gaspille tout... « gladstone » tout, comme vous diriez, hein ?

[36] Monnaie de très faible valeur, aux Indes et en Afrique, et représentée dans cette dernière par des coquillages blancs.

— Oui, c'est comme ça que nous disons, répliqua Judson-Pardieu, en souriant.

— Ils disent donc : mettons-nous en république dare dare. Mais moi, je suis royaliste jusqu'au bout de tous mes doigts. Capitaine, j'ai été jadis attaché d'ambassade à Mexico. Je dis que la république ne vaut rien. Les peuples ont le cœur haut. Ils veulent... ils veulent... Ah ! oui, une course pour les affiches.

— Qu'est-ce que ça peut bien être ?

— Le combat de coqs pour le paiement à l'entrée. Vous donnez quelque chose, vous payez pour voir une scène sanglante. Est-ce que je me fais comprendre ?

— Ils veulent en avoir pour leur argent... C'est cela que vous voulez dire ? Bigre, vous êtes un gouverneur sportif.

— C'est bien ce que je dis. Je suis royaliste aussi. (Il sourit avec plus d'aisance.) Or donc on peut bien faire quelque chose pour les douanes ; mais quand les hommes de la Compagnie ils arrivent, alors un combat de coqs comme droit d'entrée cela est tout à fait légitime. Mon armée elle dit qu'elle va me républicaniser et me fusiller sur les murailles, si je ne lui donne pas du sang. Une armée, capitaine, est terrible dans ses colères... en particulier quand elle n'est pas payée. Je sais en outre (et ce disant il posa la main sur l'épaule de Judson), je sais en outre que nous sommes de vieux amis. Oui ! Badajoz, Almeida, Fuentes d'Onor... il y a du temps depuis lors ; et un petit, petit combat de coqs comme droit d'entrée, cela est bon pour mon roi. Cela l'asseoira plus solidement sur son trône, voyez-vous ? Maintenant (et d'un geste de sa main il désigna le village en ruines) je dis à mes armées : Combattez ! Combattez les hommes de la Compagnie quand ils viennent, mais ne combattez pas si fort que vous ayez des morts. Tout cela est dans la rapport-a que j'envoie. Mais vous comprenez, capitaine, nous sommes amis quand même. Hein ! Ciudad-Rodrigo, vous vous souvenez ? Non ? Peut-être votre père, alors ? Enfin vous voyez que personne n'est mort, et que nous avons soutenu un combat, et tout cela est dans la rapport-a, pour faire plaisir au peuple de mon pays ; et mes armées elles ne me mettront pas contre les murs, vous voyez ?

— Oui ; mais la *Guadala*. Elle a tiré sur nous. Est-ce que cela faisait partie de votre jeu, farceur ?

— La *Guadala*. Hé ! Non, je ne pense pas. Son capitaine il est trop grosse bête. Mais je pensais qu'elle était partie sur la côte. Vos canonnières comme celle-ci fourrent leur nez et poussent leur aviron en tous lieux. Où est la *Guadala* ?

— Sur un haut-fond. Échouée jusqu'à ce que je l'en sorte.

— Il y a des morts ?

— Non.

Le gouverneur poussa un profond soupir de soulagement.

— Il n'y a pas de morts ici non plus. Vous voyez donc que personne n'est mort nulle part, et que rien n'est perdu. Capitaine, vous allez parler aux hommes de la Compagnie. Je pense qu'ils ne sont pas contents.

— Il y a de quoi !

— Ils ne sont pas raisonnables. Je pensais qu'ils s'en retourneraient. Je laisse leur fortin tranquille toute la nuit pour leur permettre de sortir, mais ils restent et me font face au lieu de reculer. Ils ne savaient pas qu'il nous faut vaincre beaucoup dans toutes ces batailles, ou sinon le roi il est jeté à bas de son trône. Maintenant nous avons gagné cette bataille... cette grande bataille (il étendit largement les bras) et je pense que vous direz aussi que nous avons gagné, capitaine. Vous êtes royaliste aussi ? Vous ne voudriez pas troubler la paix de l'Europe ? Capitaine, je vous l'affirme. Votre reine elle sait aussi. Elle ne voudrait pas combattre son cousin. C'est une... une chose à main levée.

— Une quoi ?

— Une chose à main levée. Une affaire qu'on règle. Comment dites-vous ?

— Une affaire réglée ?

— Oui. Une affaire réglée. Qui en souffre ? Nous gagnons. Vous perdez. Tout va bien !

Au cours des cinq dernières minutes Judson-Pardieu avait pouffé par moments. A ce point il éclata tout à fait en un rire retentissant.

— Mais voyons, gouverneur, dit-il enfin, j'ai d'autres choses à penser qu'à vos émeutes d'Europe. Vous avez tiré sur notre pavillon.

— Capitaine, si vous étiez de moi, vous auriez fait comment ? Et aussi, et aussi (il se redressa de toute sa taille) nous sommes tous les deux des hommes braves de pays très braves. Notre honneur est celui de notre roi (et il se découvrit) et de notre reine (et il s'inclina profondément). Maintenant, capitaine, vous allez bombarder ma ville et je serai votre prisonnier.

— Blague ! fit Judson-Pardieu. Je ne puis bombarder ce vieux poulailler.

— Alors venez dîner. Madère elle nous appartient encore, et j'ai du meilleur qu'on y récolte.

Tout rayonnant, il franchit le bordage, et Judson-Pardieu descendit dans le carré pour rire à son aise. Dès qu'il fut un peu remis, il dépêcha Davies auprès du chef des pionniers, le poudreux personnage aux gatlings, et les hommes qui avaient renoncé à se servir des armes virent ce fâcheux spectacle : deux hommes qui se tordaient de rire sur la passerelle de la canonnière.

— Je vais occuper mes gens à lui bâtir un poste de douane, dit le chef des pionniers en reprenant haleine. Nous lui ferons au moins une route convenable. Ce gouverneur-là mérite d'être fait chevalier. Je suis heureux à présent que nous ne les ayons pas combattus en rase campagne, car il aurait pu nous arriver d'en tuer quelques-uns. Ainsi donc il a gagné de grandes batailles, vrai ? Faites-lui les compliments de ses victimes, et annoncez-lui que je viendrai à son dîner. Vous n'auriez pas quelque chose qui ressemble à un habit, par hasard ? Voilà six mois que je n'en ai pas vu un.

Il y eut ce soir-là un dîner dans le village… un dîner enthousiaste et général, dont la tête se trouvait dans la maison du gouverneur, et dont la queue s'étalait au large dans toutes les rues. Le madère méritait et au delà les éloges du gouverneur, et Judson-Pardieu fit goûter en échange deux ou trois bouteilles de son meilleur «vanderhum», lequel est de l'eau-de-vie du Cap de dix ans de bouteille, agrémentée de zeste d'orange et autres condiments. Le café n'était pas encore desservi (par la dame qui avait arboré le drapeau blanc) que le gouverneur avait déjà distribué la totalité de son gouvernorat et ses annexes, d'une part à Judson-Pardieu, pour services rendus par le grand-père dudit Judson dans la guerre de la Péninsule, et d'autre part au chef des pionniers, en considération de la bonne amitié de ce noble seigneur. Après la négociation il disparut un moment dans une pièce voisine, où il élabora le récit fidèle et détaillé de la défaite des Anglais, qu'il lut à Judson et à son compagnon, le chapeau campé obliquement sur un œil. Ce fut Judson qui imagina la perte corps et biens de la plate, et le chef des pionniers fournit la liste de ses hommes (pas moins de deux cents) tués ou blessés.

— Messieurs, dit le gouverneur de dessous le bord de son chapeau, voilà la paix de l'Europe sauvée par cette rapport-a. Vous serez tous faits chevaliers de la Toison d'Or… elle partira par la *Guadala*.

— Grands dieux ! fit soudain Judson-Pardieu, rouge mais se contenant, cela me rappelle que j'ai laissé ce bateau couché sur le flanc en aval du fleuve. Il faut que j'y aille pour apaiser le commandant. Il doit être dans une rage bleue. Gouverneur, allons-nous-en faire une partie de canot sur le fleuve pour nous rafraîchir les idées. Un pique-nique, vous comprenez.

— Ou…i, je comprends toujours, moi. Hé hé ! un pique-nique ! Vous êtes tous mes prisonniers, mais je suis un bon geôlier. Nous allons pique-niquer sur le fleuve, et nous emmènerons toutes les demoiselles. Venez, mes prisonniers.

— J'espère, dit le chef des pionniers, qui de la véranda contemplait le village en délire, que mes gars ne vont pas bouter le feu à sa ville sans le faire exprès. Hohé ! hohé ! Une garde d'honneur pour Son Excellence le très illustre gouverneur !

Une trentaine d'hommes répondirent à cet appel, se rangèrent en une ligne onduleuse et, sur un trajet encore plus onduleux, transportèrent très onduleusement le gouverneur au plus haut de leurs bras jusqu'au fleuve. Et par le refrain qu'ils chantaient ils s'exhortaient à « nager, nager avec ensemble, le corps entre les genoux » ; et ils obéissaient fidèlement aux paroles de la chanson, à part qu'ils n'étaient pas du tout « fermes du premier au dernier ». Son Excellence le gouverneur dormait sur sa litière agitée, et il ne s'éveilla pas quand le chœur le déposa sur le pont de la plate.

— Bonsoir et adieu, dit à Judson le chef des pionniers. Je vous donnerais ma carte si je l'avais, mais je suis, n. d. D., ivre au point de ne plus me rappeler à quel club j'appartiens… Ah ! si fait ! Le club des Voyageurs. Si jamais nous nous rencontrons en ville, souvenez-vous de moi. Il me faut rester ici et surveiller mes types. Nous voilà bien tirés d'affaire à présent. Je suppose que vous nous renverrez le gouverneur un jour ou l'autre. Ceci est une crise politique. Bonne nuit.

La plate descendit le fleuve dans l'obscurité. Le gouverneur dormait sur le pont, et Judson prit la roue, mais comment il gouverna, et pourquoi il n'alla pas donner plusieurs fois dans chaque haut-fond, cet officier n'en a gardé nul souvenir. Davies ne remarqua rien d'anormal, car il y a deux façons de trop boire, et Judson avait une ivresse, non de poste d'équipage, mais simplement de carré. Sous la fraîcheur de la nuit, le gouverneur s'éveilla, et exprima le désir d'un whisky au soda. Quand on le lui remit, ils étaient presque à hauteur de la *Guadala* échouée, et Son Excellence salua de loyaux et patriotiques accents le drapeau qu'il ne pouvait distinguer.

— Ils ne voient pas. Ils n'entendent pas, s'écria-t-il. Par tous les saints ! Ils dorment, tandis que moi je gagne des batailles !

Il courut à l'avant, où le canon très naturellement était chargé, tira l'étoupille, et réveilla la nuit inerte par la détonation d'une pleine charge lançant un obus simple. Cet obus, par bonheur, ne fit qu'effleurer l'arrière de la *Guadala* et alla éclater sur la rive.

— Maintenant vous saluerez votre gouverneur, dit-il en entendant des bruits de pas courir de toutes parts à l'intérieur de la coque de fer. Pourquoi demander quartier si lâchement ? Me voici avec tous mes prisonniers.

Ses paroles rassurantes se perdirent dans le tohu-bohu et la clameur unanime implorant la pitié.

— Capitaine, dit une voix grave sortant du navire, nous nous sommes rendus. Est-ce l'usage des Anglais de tirer sur un navire en détresse ?

— Vous vous êtes rendus ! Sainte Vierge ! Je vais vous couper la tête à tous. Vous faire dévorer par des fourmis fauves… battre de verges et noyer ! Lancez-moi une passerelle. C'est moi, le gouverneur. Il ne faut jamais se rendre. Judson de mon âme, monte là dedans et envoie-moi un lit, car je tombe de sommeil… Ah ! mais ! je ferai subir mille morts à ce capitaine !

— Ah ! dit la voix dans les ténèbres, je commence à comprendre.

Et on lança une échelle de corde, par laquelle grimpa le gouverneur, suivi de près par Judson.

— A présent nous aurons le plaisir de procéder à quelques exécutions, dit le gouverneur arrivé sur le pont. On va fusiller tous ces républicains… Dis, mon petit Judson, si je ne suis pas ivre, pourquoi ce plancher sur lequel on ne tient pas est-il si incliné ?

Le pont, comme je l'ai dit, donnait une bande très forte. Son Excellence s'assit à terre, glissa jusqu'à la drome sous le vent, et s'y rendormit.

Le capitaine de la *Guadala* se mordait furieusement la moustache, et murmurait dans son langage :

— « Ce pays est le père de grandes canailles et le beau-père d'honnêtes gens »… Vous voyez notre personnel, capitaine. Il en va ainsi de même partout avec nous… Vous avez tué quelques-uns de ces reptiles ?

— Pas un reptile, répondit Judson avec rondeur.

— Tant pis. S'ils étaient morts, notre pays nous enverrait peut-être des hommes, mais notre pays est mort également, et moi je suis déshonoré sur un banc de vase par votre traîtrise d'Anglais.

— Bah ! Il me semble que tirer sur un petit baquet de notre dimension, sans un mot d'avertissement et alors que vous saviez nos pays en paix, c'est quelque peu traître aussi.

— Si l'un de mes obus vous avait atteints, vous seriez allés au fond, tous sans exception. J'aurais couru le risque avec mon gouvernement. A cette heure il eût peut-être été…

— En république. Ainsi donc vous aviez réellement l'intention de combattre pour votre propre compte ! C'est plutôt dangereux de lâcher un officier comme vous dans une marine comme la vôtre. Eh bien, qu'allez-vous faire maintenant ?

— Rester ici. Partir dans les canots. Qu'importe ? Cet animal d'ivrogne (il désigna l'ombre dans laquelle ronflait le gouverneur) est ici. Je dois le remmener à son trou.

— Fort bien. Je vous déséchouerai au jour si vous faites de la vapeur.

— Capitaine, je vous préviens que dès que nous serons de nouveau à flot je vous combattrai.

— Fumisterie ! Vous déjeunerez avec moi, et puis vous remmènerez le gouverneur vers le haut du fleuve.

Le capitaine resta un moment silencieux. Puis il dit :

— Buvons. Ce qui doit arriver arrive, et après tout nous n'avons pas oublié la guerre de la Péninsule[37]. Mais vous admettrez, capitaine, qu'il est désagréable de se voir jeté sur un haut-fond comme une dragueuse !

[37] Guerre d'Espagne et Portugal, où l'Angleterre intervint contre Napoléon Ier.

— Bah ! nous vous aurons tiré de là sans vous laisser le temps de dire ouf. Prenez soin de son Excellence. Moi, je m'en vais essayer de dormir un peu.

On dormit jusqu'au matin sur les deux navires, après quoi on se mit en devoir de déséchouer la *Guadala*. En s'aidant de ses propres machines, tandis que la plate halait et soufflait avec entrain, elle se dégagea du banc de vase et se remit par le travers en eau profonde. La plate était juste sous son arrière, et le gros œil du canon de quatre pouces regardait pour ainsi dire par la fenêtre dans la chambre du capitaine.

Le remords, sous les espèces d'un violent mal de tête, accablait le gouverneur. Il se rendait fâcheusement compte qu'il avait peut-être bien outrepassé ses pouvoirs, et le capitaine de la *Guadala*, en dépit de tous ses sentiments patriotiques, se rappelait nettement que la guerre n'était pas déclarée entre les deux pays. Il n'avait pas besoin que le gouverneur le lui répétât sans cesse pour savoir qu'une guerre, une guerre sérieuse, signifiait la république dans sa patrie, la perte possible de son grade, et mainte fusillade d'hommes vivants contre des murs inertes.

— Nous avons satisfait notre honneur, lui dit en confidence le gouverneur. Notre armée est apaisée, et la rapport-a que vous emmenez en Europe montrera que nous avons été loyaux et braves. Cet autre capitaine ? Bah ! C'est un gamin. Il appellera ça une… une… Judson de mon âme, comment dis-tu pour ça… pour ces affaires qui se sont passées entre nous ?

Judson regardait la dernière amarre s'échapper du conduit de manœuvre.

— Comment j'appelle ça ? Euh ! je l'appellerais volontiers une plaisanterie. Mais voilà votre bateau d'aplomb, capitaine. Quand vous voudrez venir déjeuner ?

— Je vous le disais, reprit le gouverneur, que ce serait pour lui une plaisanterie.

— Mère de tous les saints ! Qu'est-ce que ce serait donc s'il était sérieux ?… fit le capitaine. Nous serons charmés d'y aller quand il vous plaira. D'ailleurs nous n'avons pas le choix, ajouta-t-il avec amertume.

— Pas du tout, répliqua Judson, pris d'une idée lumineuse en apercevant sur la proue de son bateau trois ou quatre éraflures de balles. C'est nous qui sommes à votre merci. Voyez comme nous ont arrangés les tireurs de Son Excellence.

— Señor capitaine, dit le gouverneur d'un air apitoyé, c'est bien triste. Vous êtes très abîmés, avec votre pont tout criblé de balles. Nous ne serons pas trop durs envers un vaincu, n'est-ce pas, capitaine ?

— Vous ne pourriez pas nous passer un peu de peinture, dites donc ? J'aimerais de me rafistoler un peu après… l'engagement, dit Judson d'un air méditatif, en se tapotant la lèvre supérieure pour dissimuler un sourire.

— Notre magasin est à votre disposition, répondit le capitaine de la *Guadala*.

Et son œil s'illumina ; car quelques traînées de céruse sur de la couleur grise sont considérablement voyantes.

— Davies, allez à leur bord voir ce qu'ils ont de disponible… de disponible, entendez-vous. Avec un peu de mélange, leur couleur de mâts ferait à peu près la teinte de notre franc-bord.

— Ah oui, je leur en donnerai du disponible, fit Davies avec férocité. Je ne comprends pas ce micmac d'être pour ainsi dire à tu et à toi, coup sur coup, après s'être envoyé au diable ! En toute justice c'est eux qui sont notre prise légitime, pour ainsi dire.

En l'absence de Davies, le gouverneur et le capitaine s'en allèrent déjeuner. Judson-Pardieu n'avait pas grand'chose à leur offrir, mais ce qu'il avait il le leur présenta comme un ennemi battu à un vainqueur généreux. Quand il les vit échauffés — le gouverneur cordial et le capitaine quasi expansif — il leur déclara de l'air le plus détaché, tout en ouvrant une bouteille, qu'il ne serait pas de son intérêt de faire un rapport sérieux de l'incident, et qu'il était au plus haut degré improbable que l'amiral y attachât la moindre importance.

— Alors que mes ponts sont lacérés (il y avait un sillon en travers de quatre planches) et mes tôles cabossées (il y avait cinq traces de balles sur trois tôles) et que je rencontre un bâtiment comme la *Guadala*, et que si je ne suis pas torpillé c'est grâce à un pur hasard…

— Oui. Un pur hasard, capitaine. La bouée du haut-fond s'est perdue, interrompit le capitaine de la *Guadala*.

— Ah bah ! Je ne connais pas le fleuve. C'est un accident bien fâcheux. Mais comme je vous le disais, quand un hasard seul m'empêche d'être coulé, que me reste-t-il à faire d'autre que de m'en aller… si possible ? mais je crains de n'avoir pas assez de charbon pour le trajet maritime. C'est bien fâcheux.

Judson avait adopté comme mode de communication ce qu'il savait de français.

— Cela suffit, dit le gouverneur, avec un geste magnanime. Judson de mon âme, mon charbon est à toi, et ton bateau sera réparé… oui, réparé entièrement de ses blessures du combat. Vous vous en irez avec tous les honneurs de toutes les guerres. Votre pavillon flottera. Votre tambour battra. Vos… ah oui, vos canotiers tireront leurs baïonnettes… N'est-ce pas, capitaine ?

— Comme vous dites, Excellence. Mais ces marchands de la ville, qu'en faisons-nous ?

Un instant le gouverneur parut embarrassé. Il ne se rappelait pas bien ce qu'il était advenu de ces joyeux garçons qui l'avaient acclamé la veille au soir. Judson s'empressa d'intervenir.

— Son Excellence les a mis aux travaux forcés pour construire des casernes et des magasins, et aussi je crois un poste de douane. Quand ce sera fait, on les relâchera, j'espère, Excellence ?

— Oui, on les relâchera, pour t'être agréable, petit Judson de mon cœur.

Après quoi ils burent à la santé de leurs souverains respectifs, tandis que Davies présidait à l'enlèvement de la planche ébréchée et des traces de balles sur le pont et les têtes de l'avant.

— Oh ! c'est trop fort ! s'écria Judson quand ils furent remontés sur le pont. Cet idiot-là a excédé ses instructions, mais… mais vous me laisserez vous indemniser pour ceci !

Davies, assis les jambes dans l'eau sur un échafaudage suspendu à la proue, sentit nettement qu'on le blâmait dans une langue étrangère. Il se contorsionna, tout gêné, sans interrompre sa besogne.

— Qu'est-ce que c'est ? fit le gouverneur.

— Cette tête de bois a cru que nous avions besoin d'or en feuilles, et il en a emprunté de votre magasin, mais je vais y mettre bon ordre ! (Et alors en anglais :) Halte-là, Davies ! Tonnerre de l'enfer, qu'aviez-vous besoin d'aller prendre de l'or en feuilles ? N. d. D., sommes-nous donc une bande de pirates sauvages qui râflent le magasin d'une tartane levantine ? Prenez un air contrit, espèce de cul-de-plomb, ventre en pot à tabac, enfant de rétameur aux yeux louches ! Vive mon âme ! ne pourrai-je maintenir la discipline sur mon navire, et faut-il qu'un apprenti serrurier de riveur de chaudières me réduise à rougir devant un forban au nez jaune ! Quittez l'échafaudage, Davies, et retournez à la machine ! Mais auparavant déposez ces feuilles et laissez là le carnet. Je vous ferai appeler dans une minute. Allez à l'arrière !

Or, quand ce torrent d'injures s'abattit sur lui, Davies n'avait au-dessus des bastingages que la moitié supérieure de sa ronde figure : elle s'éleva graduellement tandis que l'averse continuait, et le complet ahurissement, l'exaspération, la rage et l'amour-propre blessé se succédèrent sur ses traits, jusqu'au moment où il vit la paupière gauche de son chef hiérarchique s'abaisser par deux fois. Il s'en courut alors à la salle de la machine, où, s'essuyant le front avec une poignée de déchet, il s'assit pour réfléchir à l'aventure.

— Je suis au regret, dit Judson à ses compagnons, mais vous voyez le personnel qu'on nous donne. Ceci me laisse plus encore votre débiteur. Car, s'il m'est possible de remplacer cette chose (jamais on n'emporte d'or en feuilles sur un affût de canon flottant), comment arriverai-je à m'excuser pour l'outrecuidance de cet homme ?

Davies avait la pensée lente ; malgré tout, au bout d'un moment, il transféra le déchet de son front à sa bouche et mordit dedans pour s'empêcher de rire. A nouveau il battit un entrechat sur les têtes de la machine.

— Chic ! Oh ! sacrément chic ! ricana-t-il. J'ai navigué avec pas mal d'officiers, mais je n'en ai jamais vu un si chic que lui. Et je le croyais de cette nouvelle espèce qui ne sait même pas lancer trois mots, pour ainsi dire.

— Davies, vous pouvez reprendre votre besogne, dit Judson par le panneau de la machine. Ces fonctionnaires ont eu l'extrême obligeance de parler en votre faveur. Pendant que vous y êtes, faites ça jusqu'au bout. Mettez-y tout votre monde. Où avez-vous trouvé cet or ?

— Leur magasin est un vrai spectacle, commandant. Il vous faut voir ça. Il y en a assez pour dorer deux cuirassés de première classe, et j'en ai chipé une bonne moitié.

— Dépêchez-vous alors. Ils vont nous ravitailler en charbon cet après-midi. Il vous faudra tout recouvrir.

— Chic ! Oh ! sacrément chic ! répéta Davies à mi-voix, tout en rassemblant ses subordonnés, qu'il mit en devoir d'accomplir le vœu secret et si longtemps différé de Judson.

....

C'était le *Martin Frobisher*, le vaisseau-amiral, important bateau de guerre alors qu'il était neuf, du temps où l'on construisait pour la voile aussi bien que pour la vapeur. Il pouvait faire douze nœuds toutes voiles dehors, et ce fut sous cette allure qu'il s'arrêta à l'embouchure du fleuve, telle une pyramide d'argent sous le clair de lune. L'amiral, craignant d'avoir donné à Judson une tâche au-dessus de ses forces, était venu lui rendre visite, et par la même occasion exécuter un peu de besogne diplomatique le long de la côte. Il y avait à peine assez de brise pour faire parcourir deux milles à l'heure au *Frobisher*, et quand celui-ci pénétra dans la passe, le silence de la terre se referma sur lui. De temps à autre ses vergues gémissaient un peu, et le clapotis de l'eau sous son étrave répondait à ce gémissement. La pleine lune se levait par-dessus les marigots fumants, et l'amiral en le considérant oubliait Judson pour se livrer à de plus doux souvenirs. Comme évoqués par cette disposition d'esprit, arrivèrent sur la face argentée de l'eau les sons d'une mandoline que l'éloignement rendait d'une douceur enchanteresse, mêlés à des paroles invoquant une aimable Julie… une aimable Julie et l'amour. Le chant se tut, et seul le gémissement des vergues rompait le silence sur le grand navire.

La mandoline reprit, et le commandant, placé du côté sous le vent de la passerelle, ébaucha un sourire qui se refléta sur les traits du midship de timonerie. On ne perdait pas un mot de la chanson, et la voix du chanteur était celle de Judson.

La semaine dernière dans notre rue il est venu un rupin,

Un élégant vieux blagueur qu'avait une vilaine toux.

Il avise ma bourgeoise, lui tire son huit-reflets

D'un air tout à fait distingué…

Et ainsi de suite jusqu'au dernier couplet. Le refrain fut repris par plusieurs voix, et le midship de timonerie commença de battre la mesure en sourdine avec son pied.

C'qu'on s'amuse ! criaient les voisins.

Comment vas-tu t'y prendre, Bill ?

As-tu acheté la rue, Bill ?

De rire ?… j'ai pensé en mourir

Quand je les ai expulsés dans la rue d'Old Kent.

Ce fut le youyou de l'amiral, nageant en douceur, qui arriva au beau milieu de ce joyeux petit concert d'après boire. Ce fut Judson, la mandoline enrubannée pendue à son cou, qui reçut l'amiral quand celui-ci escalada la muraille de la *Guadala*, et ce fut peut-être bien aussi l'amiral qui resta jusqu'à trois heures du matin et réjouit les cœurs du capitaine et du gouverneur. Il était venu en hôte indésiré, mais il repartit en hôte honoré quoique toujours strictement non officiel. Le lendemain, dans la cabine de l'amiral, Judson raconta son histoire, en affrontant de son mieux les bourrasques de rire de l'amiral ; mais l'histoire fut plus amusante encore, narrée par Davies à ses amis dans l'arsenal de Simon Town, du point de vue d'un ouvrier mécanicien de deuxième classe ignorant tout de la diplomatie.

Et s'il n'y avait pas de véracité aussi bien dans mon récit, qui est celui de Judson, que dans les racontars de Davies, on ne trouverait certes pas aujourd'hui dans le port de Simon Town une canonnière à fond plat et à deux hélices, destinée uniquement à la défense des fleuves, d'environ deux cent soixante-dix tonnes de jauge et cinq pieds de tirant d'eau, qui porte, au mépris des règlements du service, un listel d'or sur sa peinture grise. Il s'ensuit également que l'on est forcé de croire cette autre version de l'algarade qui, signée par Son Excellence le gouverneur et transmise par la *Guadala*, contenta l'amour-propre d'une grande et illustre nation, et sauva une monarchie de ce despotisme inconsidéré qui a nom république.

L'HISTOIRE DE BADALIA HERODSFOOT

C'est le printemps de l'année

Et l'aurore du jour :

Il est sept heures du matin,

La colline est emperlée de rosée,

Le merle déploie ses ailes,

La limace rampe sur l'aubépine,

Dieu règne dans son ciel :

Tout va bien pour le monde !

Pippa passe.

Il ne s'agit pas de cette Badalia qui s'appelait aussi à l'occasion Joanna la Lutteuse et MacKanna, comme dit la chanson, mais d'une autre dame beaucoup plus distinguée.

Au début de son histoire, elle n'était pas encore régénérée : elle portait cette lourde frange de cheveux bouffants qui fait la parure d'une fille de marchande des quatre saisons, et la légende court dans Gunnison street que, le jour de ses noces, un lampion dans chaque main, elle exécuta des danses sur la charrette à bras d'un amoureux évincé : un agent survint, et alors Badalia se fit acclamer en dansant avec le représentant de l'ordre. Ce furent là ses jours d'abondance, et ils ne durèrent pas longtemps, car au bout de deux ans son mari prit une autre femme et sortit de l'existence de Badalia en passant par-dessus le corps inanimé de cette dernière, dont il avait étouffé les protestations par des coups. Tandis qu'elle jouissait de son veuvage, l'enfant que son mari n'avait pas emmené mourut du croup, et Badalia resta entièrement seule. Par une fidélité rare, elle n'écouta aucune des propositions qu'on lui fit en vue d'un second mariage, conformément aux mœurs de Gunnison street, lesquelles ne diffèrent pas de celles des Barralong.

— Mon homme, expliquait-elle à ses prétendants, il va revenir un de ces jours, et alors s'il me trouvait habitant avec vous, il y a bien des chances qu'il s'emparerait de moi et me tuerait. Vous ne connaissez pas Tom ; moi bien. Allez-vous-en donc. Je m'en tirerai bien toute seule... puisque je n'ai pas de gosse.

Elle s'en tirait, grâce à une calandre à linge, en surveillant des enfants, et en vendant des fleurs. Ce dernier métier nécessite un capital, et entraîne les vendeuses très loin dans l'ouest, si bien que le trajet de retour, mettons depuis le passage Burlington jusqu'à Gunnison street (Est) est un prétexte à boire, et alors, comme le faisait ressortir Badalia, « vous rentrez chez vous avec la moitié de votre châle arrachée qui pend sur votre dos, et votre bonnet sous votre bras, et la valeur de rien du tout dans votre poche, à plus forte raison si un flic a pris soin de vous ». Badalia ne buvait pas, mais elle connaissait ses consœurs, et leur donnait de frustes exhortations. A part cela, elle ne s'occupait pas des autres, et songeait toujours beaucoup à Tom Herodsfoot, son mari, qui reviendrait un jour, et à l'enfant qui ne reviendrait jamais. On ne peut savoir de quelle façon ces pensées influèrent sur son esprit.

Son entrée dans la société date du soir où elle surgit littéralement sous les pieds du révérend Eustace Hanna, sur le palier du numéro 17 de Gunnison street, et lui démontra sa sottise de répartir sans discernement ses charités dans le quartier.

— Vous donnez des flans à Lascar Lou, lui dit-elle sans autre forme de présentation, vous lui donnez du vin de « porco ». Allez donc ! Vous lui donnez des couvertures. Allez donc ! Sa mère elle mange tout, et boit les couvertures. Quand vous êtes pour revenir la visiter, elle les dégage du clou, de façon à les avoir toutes prêtes et en bon état ; et Lascar Lou elle vous dit : « Oh ! ma mère est si bonne pour moi ! » qu'elle dit. Lascar Lou a raison de parler ainsi, vu qu'elle est malade au lit, autrement sa mère la tuerait. Bon Dieu ! vous êtes un fameux jobard… avec vos flans ! Lascar Lou n'en a même pas l'odeur.

Là-dessus le curé, au lieu de se formaliser, reconnut dans les yeux embusqués sous la frange de cheveux, l'âme d'une collègue en la tâche. Il pria donc Badalia de monter la garde auprès de Lascar Lou, la prochaine fois que viendraient confiture ou flan, pour veiller à ce que la malade les mangeât réellement. Ce que fit Badalia, au scandale de la mère de Lascar Lou et moyennant la répartition d'un œil au beurre noir entre elles trois ; mais Lascar Lou eut son flan, et en toussant de bon cœur elle s'amusa plutôt de l'algarade.

Par la suite, en partie grâce au révérend Eustace Hanna, qui avait vite reconnu ses talents, et en partie grâce à certaines histoires débitées avec larmes et rougeur par sœur Eva, la plus jeune et la plus sensible des Petites Sœurs du Diamant Rouge, il advint que cette Badalia arrogante, coiffée à la chien, et totalement inexperte en l'art de la parole, conquit un rang honorable parmi ceux-là qui œuvrent dans Gunnison street.

Ils formaient une confrérie mêlée, de gens zélés ou sentimentaux, et suivant leurs lumières, découragés ou seulement très las de lutter contre la misère. La plupart étaient consumés de mesquines rivalités et de jalousies personnelles, que chacun ressassait en confidence à sa propre petite chapelle, en guise d'intermède d'avoir lutté avec la mort pour lui arracher le corps d'une blanchisseuse moribonde, ou de s'être ingénié à tirer de la mission un subside pour ressemeler les bottes très malades d'un compositeur non moins malade. Il y avait un curé qui vivait dans la crainte de réduire les pauvres à la pauvreté, qui aurait volontiers tenu des bazars de charité pour s'offrir des nappes d'autel neuves, et qui priait Dieu en secret de lui envoyer un grand oiseau de cuivre neuf, avec des yeux de verre rouge que l'on aime à prendre pour des rubis. Il y avait frère Victor, de l'ordre du Petit Bien-Être, qui s'y connaissait fort bien en nappes d'autel, mais qui se gardait de montrer ce savoir lorsqu'il s'agissait d'attendrir Mme Jessel, la secrétaire du Comité de la Tasse de Thé, laquelle avait de l'argent à dépenser, mais qui haïssait l'Église de Rome… même si Rome, par égard pour elle, prétendait uniquement à emplir les estomacs, laissant les âmes à la merci de Mme Jessel. Il y avait toutes les Petites Sœurs du Diamant Rouge, les filles du vétérinaire, qui s'écriaient : « Donnez » quand leur charité propre était épuisée, et qui expliquaient tristement à ceux qui en retour d'un demi-louis leur demandaient une justification de leurs débours, que les œuvres de secours dans un mauvais quartier ne peuvent guère tenir de comptes réguliers sans une coûteuse augmentation de leur état-major. Il y avait le révérend Eustace Hanna, qui coopérait indistinctement avec les Comités de dames patronesses, avec les ligues et associations mixtes, avec frère Victor, et avec n'importe qui d'autre susceptible de lui donner de l'argent, des souliers ou des couvertures, ou cette aide plus précieuse encore qui se laisse diriger par ceux qui savent. Et tous ces gens apprirent l'un après l'autre à consulter Badalia, quand il s'agissait de questions d'un caractère intime, de droit au secours, et des espoirs de conversion possible dans Gunnison street. Ses réponses étaient rarement réjouissantes, mais elle possédait un savoir spécial et une parfaite confiance en elle-même.

— J'en suis, de Gunnison street, disait-elle à l'austère Mme Jessel. Je sais ce que c'est, moi, et ils n'ont pas besoin de votre religion, m'âme, pas pour un… Excusez-moi. C'est très joli quand ils sont prêts à mourir, m'âme, mais jusque-là ce qu'il leur faut c'est à manger. Les hommes, ils se débrouillent tout seuls. C'est pourquoi Nick Lapworth il vous dit qu'il veut recevoir la confirmation et tout ça. Il ne veut aucunement mener une vie nouvelle, pas plus que sa femme ne profite de tout l'argent que vous lui donnez à lui. On ne saurait non plus les réduire à la pauvreté, puisqu'ils n'ont déjà rien pour commencer. Ils sont sacrément bien pauvres. Les femmes, elles ne peuvent pas s'en tirer toutes seules… d'autant qu'elles sont toujours à accoucher. Comment feraient-elles ? Elles n'ont besoin que des choses qu'elles peuvent avoir. Si elles ne peuvent pas elles meurent, et ce n'est pas plus mal, car les femmes sont cruellement tyrannisées dans Gunnison street.

Après cette conversation, Mme Jessel demanda au curé :

— Croyez-vous que Mme Herodsfoot soit vraiment une personne à qui l'on puisse confier des fonds ? Elle paraît totalement ignorer Dieu, en ses propos du moins.

Le curé fut d'accord avec Mme Jessel pour reconnaître que Badalia ignorait Dieu ; mais Mme Jessel ne pensait-elle pas que, puisque Badalia connaissait Gunnison street et ses besoins mieux que quiconque, elle pourrait, à sa modeste manière, être pour ainsi dire la relaveuse d'une charité provenant de sources plus pures, et que si, mettons, le Comité de la Tasse de Thé pouvait donner quelques shillings par semaine, et les Petites Sœurs du Diamant Rouge quelques autres encore, le total, qui ne serait vraisemblablement pas excessif, pourrait être remis à Badalia, laquelle le distribuerait parmi ses collègues ? Mme Jessel elle-même serait ainsi libre de pourvoir plus directement aux besoins spirituels de tels robustes gaillards qui siégeaient pittoresquement sur les gradins inférieurs de ses réunions où ils cherchaient la vérité… laquelle est tout aussi précieuse que l'argent, quand on sait où la négocier.

— Elle favorisera ses amis personnels, objecta Mme Jessel.

Le curé réprima un sourire, et après quelques diplomatiques flatteries, remporta la victoire. Badalia fut, à son indicible fierté, nommée dispensatrice d'un subside… un dépôt hebdomadaire qui devait servir pour le bien de Gunnison street.

— Je ne sais ce que nous pouvons réunir par semaine, lui dit le curé. Mais pour débuter voici dix-sept shillings. Vous les distribuerez parmi vos voisins comme vous l'entendrez, vous me direz seulement où nous en sommes, afin de ne pas nous embrouiller dans nos comptes. Vous comprenez ?

— Bien sûr. Mais dites, ce n'est pas grand'chose, fit Badalia en considérant les pièces blanches dans le creux de sa main. (Le feu sacré des administrateurs, que connaissent ceux-là seuls qui ont goûté du pouvoir, brûlait dans ses artères.) Des bottines, c'est des bottines, quand on ne vous en fait pas cadeau, et alors elles ne sont plus bonnes à porter que si on les fait raccommoder du haut en bas ; et des confitures c'est des confitures ; et j'en estime pas beaucoup ce « porco » à bon marché, mais tout ça se monte quand même à une somme. Dix-sept shillings, ça filera vite, plus vite qu'un quart de gin… Mais je vais tenir un livre… comme je faisais avant que Tom soit parti dans l'immeuble Hennessy avec sa catin barbouillée. Lui et moi nous étions les seuls patrons de bar à tenir des livres en règle.

Elle acheta un grand cahier de devoirs — il fallait de la place à son écriture malhabile — et elle y consigna l'historique de sa guerre ; hardiment, comme il sied à un général, et pour nuls autres yeux que les siens et ceux du révérend Eustace Hanna. Bien avant que les feuillets fussent remplis, la couverture marbrée avait été imbibée de pétrole… car la mère de Lascar Lou, frustrée de son pourcentage sur les flans de sa fille, pénétra dans l'appartement de Badalia, au 17 de Gunnison street, et se crêpa le chignon avec elle, aux dépens de la lampe et de sa propre tignasse. Il était d'ailleurs malaisé de porter d'une main le précieux «porco» et de l'autre le cahier, dans une région sempiternellement assoiffée ; et des taches rouges s'ajoutèrent à celles d'huile minérale. Mais lorsqu'il examinait le contenu du livre, le révérend Eustace Hanna ne s'en plaignait jamais. Les vaillants griffonnages s'exprimaient pour leur compte, et le samedi soir Badalia ajoutait à leurs notations des commentaires dans ce goût :

« Mme Hikky, très mal, cognac trois pence. Fiacre pour l'hôpital, un shilling. Mme Poune accouchée. En espèces pour du thé (elle l'a pris, monsieur, je l'ai vu) six pence. Rencontré dehors son mari qui cherchait du travail. »

— J'ai flanqué ma main sur la figure à ce bougre de fainéant ! Il l'est trop pour obtenir jamais du travail… Excusez-moi, monsieur. Vous voulez continuer ?

Le curé poursuivit :

« Mme Vincent. Accouchée. Pas de langes pour l'enfant. Très sale. En espèces deux shillings six pence. Reçu des draps de Mlle Eva. »

— C'est sœur Eva qui a fait cela ? demanda le curé très doucement.

Car si sœur Eva était tenue par devoir à la charité, il y avait quelqu'un qui voyait dans tout acte de sa tâche journalière une manifestation de grâce et de bonté angéliques… une chose digne de perpétuelle admiration.

— Oui, monsieur. Elle est retournée à la maison des sœurs et a pris les draps à son lit à elle. Même qu'ils ont de bien belles initiales. Continuez, monsieur… Cela fait déjà quatre shillings six pence.

« Mme Jennet, pour faire du bon feu, le charbon est cher : sept pence. Mme Lockhart a pris un bébé en nourrice pour gagner un petit quelque chose, mais la mère ne peut pas payer, son mari la gruge tout le temps. Il ne veut pas l'aider. En argent deux shillings deux pence. A travaillé comme cuisinière, mais a dû cesser. Feu, thé, cuisse de bœuf, un shilling sept pence et demi. »

— Ici on s'est battu, ajouta Badalia. Ce n'est pas moi, monsieur. Son mari, comme juste, il est entré au mauvais moment, il a voulu avoir le bœuf, aussi j'appelle les gens d'au-dessus et voilà que descend ce mulâtre qui vend des cannes à épée en haut de Ludgate Hill. « Mulay, que je lui dis, espèce de gros animal noir, attrape-moi ce gros animal blanc ici et démolis-le. » Je savais que je n'aurais pas pu retenir Tom Lockhart à moitié saoul qui emportait le bœuf. « Je vais lui en flanquer du bœuf », que répond Mulay. Et il tape dessus, tandis que cette pauvre femme poussait des cris dans la chambre à côté, et la rampe du palier est cassée, mais elle a eu son bouillon et Tom a pris sa purge. Voulez-vous continuer, monsieur ?

— Non, ça va bien. Je vais signer pour la semaine, répondit le prêtre.

Tant on s'habitue à ces choses que les profanes appellent documents humains.

— Le petit de Mme Churner a attrapé le croup, dit Badalia s'apprêtant à sortir.

— Quels Churner ? Ceux de l'allée du Peintre, ou les autres de Houghton street ?

— Ceux de Houghton street. Ceux de l'allée du Peintre ont vendu et déménagé.

— Sœur Eva passe une nuit par semaine auprès de la vieille Mme Probyn, de Houghton street, n'est-ce pas ? demanda le prêtre avec inquiétude.

— Oui, mais elle n'ira plus. C'est moi qui me suis chargée de Mme Probyn. Je ne sais pas lui parler de religion, mais elle n'en a pas besoin, et Mlle Eva elle n'a pas besoin d'attraper le croup, elle a beau dire. N'ayez pas peur pour elle.

— Mais vous… vous pourriez l'attraper, dites ?

— C'est possible. (Elle regarda le prêtre entre les yeux, et les siens flamboyèrent sous ses frisons.) Et ça me ferait peut-être plaisir de l'attraper, vous n'en savez rien.

Le prêtre réfléchit un moment à ces paroles, mais il évoqua l'image de sœur Eva dans sa cape grise et avec sa cornette aux brides blanches nouées sous le menton. Alors il cessa de penser à Badalia.

Ce que pensait Badalia ne se formula point en paroles, mais il est notoire dans Gunnison street que ce soir-là, trouvant la mère de Lascar Lou installée ivre-morte sur son seuil, Badalia la saisit et l'emporta dans la nuée guerrière de son ire, si bien que la vieille ne savait plus si elle était sur les pieds ou sur la tête, et après l'avoir dûment heurtée à chaque marche successive de l'escalier menant à sa chambre, Badalia la déposa sur son lit, où elle resta à geindre et frissonner jusqu'au jour, affirmant que tout le monde était contre elle, et invoquant les noms de ses enfants tués depuis longtemps par la saleté et la misère. Badalia, grondante, partit en guerre, et comme les armées de l'ennemi étaient nombreuses, trouva une besogne suffisante à la tenir occupée jusqu'au jour.

Comme elle l'avait annoncé, elle prit Mme Probyn sous son égide personnelle, et pour commencer faillit donner une attaque à cette vieille dame, en lui déclarant : « Peut-être bien qu'il n'y a pas de bon Dieu, mais s'il y en a un, il ne s'occupe pas plus de vous que de moi, et en attendant prenez cette confiture. » Sœur Eva se plaignit d'être écartée de sa pieuse tâche de Houghton street, mais Badalia tint bon, et tant par son éloquence que par la promesse de futurs bienfaits, elle persuada trois ou quatre hommes du voisinage d'interdire la porte à sœur Eva chaque fois qu'elle tentait de pénétrer, en alléguant le croup comme excuse.

— J'ai décidé de la tenir à l'abri du mal, dit Badalia, et elle y est. Le curé se fiche de moi comme d'une guigne, mais… il ne voudrait quand même pas.

Cette quarantaine eut pour effet de reporter sur d'autres rues la sphère d'activité de sœur Eva, et en particulier sur celles que fréquentaient surtout le révérend Eustace Hanna et frère Victor, de l'ordre du Petit Bien-Être. Il existe, malgré toutes leurs bisbilles humaines, une très étroite confraternité dans les rangs de ceux dont la tâche comprend Gunnison street. Pour commencer ils ont vu la souffrance… une souffrance que leurs paroles et leurs actions sont incapables d'alléger… la vie livrée à la mort, et la mort envahie par une vie misérable. Ils comprennent également la pleine signification de l'ivrognerie, ce qui est un savoir caché à beaucoup de gens très bien intentionnés, et plusieurs d'entre eux ont lutté avec les bêtes à Éphèse. Ils se retrouvent à des heures et en des lieux également indus, échangent quelques mots hâtifs d'avis, de recommandation ou de conseil, et s'en vont à leur labeur désigné, car le temps est précieux, et cinq minutes d'avance peuvent sauver une vie. Pour beaucoup, les réverbères sont leur soleil, et les camions de Covent Garden[38] le char de l'aurore. Ils ont tous en leur situation quémandé de l'argent, si bien que la franc-maçonnerie de la mendicité leur est un lien commun.

[38] Le principal marché aux légumes de Londres.

A toutes ces influences s'ajoutait, dans le cas de nos deux tâcherons, ce sentiment que l'on est convenu d'appeler l'amour. L'idée que sœur Eva pût attraper le croup n'était pas encore entrée dans la tête du curé avant que Badalia lui en eût parlé. Après cela, il jugea inadmissible et monstrueux qu'elle pût être exposée, non seulement à ce risque, mais à n'importe quel autre danger de la rue. Un camion débouchant d'un coin pouvait la tuer ; l'escalier vermoulu où elle circulait jour et nuit pouvait s'effondrer et l'estropier ; les instables corniches de telles maisons louches qu'il connaissait trop constituaient un danger ; et il y en avait un autre plus grave à l'intérieur de ces maisons. Que deviendrait-il, si l'un de ces mille ivrognes abolissait la précieuse existence ? Une femme avait un jour jeté une chaise à la tête du curé. Sœur Eva n'avait pas le bras assez robuste pour se protéger d'une chaise. Les couteaux également étaient prompts à entrer en jeu. Ces considérations et d'autres encore jetaient l'âme du révérend Eustace Hanna dans un tourment que nulle foi en la Providence ne pouvait alléger. Sans doute Dieu était grand et terrible… on n'avait qu'à parcourir Gunnison street pour s'en apercevoir… mais il vaudrait mieux, beaucoup mieux, que sœur Eva eût la protection de son bras à lui. Et les personnes qui n'étaient pas trop affairées pour regarder, auraient pu voir une femme, plus très jeune, aux cheveux ternes et aux yeux ternes, quelque peu autoritaire dans ses discours, et très ignorante dans les idées situées au delà de la sphère immédiate de son devoir, à la même place où les yeux du révérend Eustace Hanna suivaient les pas d'une reine couronnée d'une petite cornette grise, aux brides blanches nouées sous le menton.

Apercevait-il un instant cette cornette au fond d'une cour, ou lui adressait-elle un signe amical du haut d'un escalier, alors il voyait encore de l'espoir pour Lascar Lou, qui vivait avec un seul poumon et du souvenir de ses débauches passées ; il voyait de l'espoir même pour cette geignarde chiffe de Nick Lapworth, qui se jurait, dans l'espoir d'obtenir de l'argent, tenaillé par les affres d'une «vraie conversion cette fois-ci, Dieu le veuille, monsieur». Si cette cornette passait un jour sans se montrer, l'imagination du prêtre s'emplissait de poignantes scènes d'horreur ; il voyait des civières, une foule rassemblée à quelque sinistre carrefour, et un agent de police — il l'aurait dessiné, cet agent — débitant par-dessus l'épaule les détails de l'accident, et ordonnant à l'homme qui avait tenté de s'opposer aux roues — de lourdes roues de camion : il les aurait dessinées — de « circuler ». Ces jours-là il n'espérait plus guère dans le salut de Gunnison street et de tous ses habitants.

Cette torture, frère Victor en fut le témoin, un jour où il revenait du chevet d'un mort. Il vit l'œil du prêtre s'éclairer, les muscles de sa bouche se détendre, et entendit se raffermir sa voix qui toute la matinée était demeurée atone. Sœur Eva venait de reparaître dans Gunnison street, après une interminable absence de quarante-huit heures. Elle n'avait pas été écrasée. Il fallait que le cœur de frère Victor eût souffert dans son humanité, ou sinon il n'aurait pu voir ce qu'il vit. Mais la loi de son Église rendait la souffrance légère. Son devoir était de poursuivre sa tâche jusqu'à sa mort, ni plus ni moins que Badalia. Celle-ci, élargissant son rôle, affrontait le mari ivre, induisait à un peu plus de prévoyance la trop jeune épouse, prodigue et sans volonté, et quand l'occasion s'en présentait, mendiait des vêtements pour les bébés scrofuleux qui se multipliaient comme l'écume verte sur l'eau d'une citerne sans couvercle.

L'histoire de ses exploits était consignée dans le cahier que le curé signait chaque semaine, mais jamais plus Badalia ne lui parlait de batailles ni de rixes dans la rue. « Mlle Eva fait son travail à sa manière. Je fais le mien à la mienne. Mais j'en fais dix fois plus que Mlle Eva, et tout ce qu'il me dit, c'est : « Je vous remercie, Badalia, ça ira pour cette semaine. » Je me demande ce que Tom fabrique maintenant avec sa… sa nouvelle femme. J'ai presque envie d'aller le voir un de ces jours. Mais à elle, je lui arracherais le foie… Je ne pourrais m'en empêcher. Vaut mieux ne pas y aller, peut-être. »

L'immeuble Hennessy se trouvait à plus de trois kilomètres de Gunnison street, et servait de logement à peu près au même genre de monde. Tom s'y était installé avec Jenny Wabstow, sa nouvelle femme. Durant des semaines, il vécut dans une grande crainte de voir Badalia lui tomber dessus à l'improviste. La perspective d'une bonne bataille ne l'effrayait pas, mais il répugnait à la correctionnelle qui s'ensuivrait, et à l'ordonnance de pension alimentaire et autres inventions d'une justice qui ne veut pas comprendre cette loi pourtant simple, que quand un homme est fatigué d'une femme, il n'est n. d. D. pas si bête que de continuer à vivre avec elle, et voilà tout ». Durant quelques mois, sa nouvelle femme se comporta fort bien, et sut se faire craindre de Tom, suffisamment pour le maintenir rangé. D'ailleurs le travail abondait. Mais un enfant leur naquit, et conformément à la règle de ses pareils, Tom, peu soucieux des enfants qu'il aidait à procréer, chercha une diversion dans la boisson. Il se cantonnait, en général, dans la bière, laquelle est stupéfiante et relativement inoffensive : du moins elle paralyse les jambes, et avec elle, même si l'on a au cœur un désir ardent de tuer, le sommeil vient vite, et le crime reste souvent inaccompli. L'alcool, étant plus volatil, permet à la chair et à l'âme de travailler de concert… Habituellement au préjudice d'autrui. Tom découvrit que le whisky avait ses mérites… à condition d'en prendre assez. Il en prit autant qu'il en pouvait acheter ou obtenir, et à l'époque où sa femme fut en état de circuler à nouveau, les deux pièces de leur appartement étaient déjà dépouillées de maints objets de valeur. La femme alors lui dit son fait, non pas une fois, mais plusieurs, avec précision, abondance et métaphore ; et Tom se révolta de n'avoir plus la paix au bout de sa journée de travail, laquelle comportait une forte absorption de whisky. Ce pourquoi il se priva de la compagnie de Jenny et de ses blandices. Tom finit par lui tenir tête et la frappa… parfois sur le crâne, et parfois à la poitrine, et les meurtrissures formèrent matière aux commentaires échangés sur les seuils par les femmes que leurs maris avaient traitées de façon analogue. Elles n'étaient pas peu nombreuses.

Mais nul scandale bien public ne s'était produit jusqu'au jour où Tom jugea convenable d'ouvrir les négociations avec une jeune femme en vue d'un mariage conforme aux lois de la libre sélection. Il commençait à être très las de Jenny, et la jeune femme gagnait, à vendre des fleurs, suffisamment pour lui assurer le bien-être, tandis que Jenny attendait un autre bébé, et fort déraisonnablement croyait de ce fait avoir droit à des égards. Il s'insurgeait de la voir difforme, et il le lui déclara dans le langage de ses pareils. Jenny pleura tant, que Mᵐᵉ Hart, descendante directe et Irlandaise de « la mère à Mike de la charrette à âne », l'arrêta sur son escalier à elle et lui glissa tout bas :

— Que Dieu te bénisse, ma fille, car je vois comment cela va pour toi.

Jenny pleura de plus belle et donna à Mme Hart deux sous et des baisers, cependant qu'au coin de la rue Tom faisait sa cour à sa belle.

Ce soir-là, poussée par l'orgueil et non par la vertu, la jeune femme révéla à Jenny les propositions de Tom, et Jenny eut un entretien avec ce dernier. L'altercation débuta dans leur appartement à eux, mais Tom voulut s'esquiver, et à la fin tout l'immeuble Hennessy se rassembla sur la chaussée et forma un tribunal auquel en appelait de temps à autre Jenny, les cheveux épars sur le cou, les nippes dans le plus grand désordre, et les jambes flageolantes d'ivresse. « Quand on a un homme qui boit, on n'a plus qu'à boire aussi. Alors ça fait moins de mal quand il vous frappe », dit la Sagesse des Femmes. Et à coup sûr elles doivent s'y connaître.

— Regardez-le ! glapissait Jenny. Regardez-le, rester là sans trouver un mot à dire pour sa défense, et il voudrait ficher le camp et m'abandonner sans même me laisser un shilling ! Tu te dis un homme… tu oses, n. d. D., te dire un homme ? Mais j'en ai vu de meilleurs que toi faits de papier mâché et recraché ensuite. Regardez-le ! Il n'a pas dessaoulé depuis jeudi dernier, et il ne dessaoulera pas aussi longtemps qu'il pourra se procurer à boire. Il m'a pris tout ce que j'avais, et moi… moi… vous me voyez.

Murmure de compassion chez les femmes.

— Il a tout pris, tout, et pour comble, après avoir chapardé et volé… oui, toi, toi, voleur !… il s'en va et cherche à se mettre avec cette… (Suivit un portrait complet et détaillé de la jeune femme, qui heureusement n'était pas là pour l'entendre.) Il la traitera comme il m'a traitée ! Il lui boira, n. d. D., jusqu'à son dernier sou, et puis il la plantera là, comme il me fait à moi. O Mesdames, voyez, je lui ai donné un gosse et il y en a un autre en train, et il voudrait filer et me lâcher dans l'état où je suis maintenant… ce salop. Ah ! tu peux me quitter, va ! je n'ai pas besoin des restes de ta g… Va-t'en. Trotte-toi !

La colère qui l'étranglait lui ôta la voix. Tom cherchait à se défiler, lorsque survint un agent, attiré par la foule.

— Regardez-le, dit Jenny, heureuse d'avoir ce nouvel auditeur. Est-ce qu'il n'y a pas de justice pour des gens comme lui ? Il a pris tout mon argent, il m'a battue une fois, deux fois et plus. Il est saoul comme porc quand il n'est pas saoul furieux, et maintenant le voilà qui cherche à ramasser une autre femme. Lui, je n'en veux plus, je trouverai un homme quatre fois meilleur. Mais il n'y a donc pas de justice ?

— Allons, voyons, que se passe-t-il ? demanda l'agent. Rentrez chez vous. Je vais m'occuper de cet homme. Est-ce qu'il vous a frappée ?

— S'il m'a frappée ? Il m'a fendu le cœur en deux, et il reste là à rigoler comme si tout cela était une comédie pour lui.

— Rentrez chez vous et couchez-vous un peu.

— Je suis une femme mariée, que je vous dis, et je veux mon mari.

— Je ne lui ai pas fait le moindre mal, bon Dieu ! dit Tom, des confins de la foule.

Il sentait l'opinion publique se tourner contre lui.

— Tu ne m'as pas fait le moindre mal, espèce de salop. Je suis une femme mariée, moi, et je ne veux pas qu'on m'enlève mon mari !

— Alors, puisque vous êtes une femme mariée, couvrez vos seins, dit avec bonhomie l'agent, familiarisé avec les querelles domestiques.

— Je ne les couvrirai pas… Vous en avez du toupet. Tenez, regardez !

Elle arracha son corsage lacéré et exhiba ces ecchymoses en forme de croissant que l'on obtient à l'aide d'un dossier de chaise bien appliqué.

— Voilà ce qu'il m'a fait parce que mon cœur ne se brisait pas assez vite. Il a cherché à l'atteindre et à me le briser. Regarde ça, Tom, ce que j'ai reçu de toi la nuit dernière, et je te l'ai rendu. Mais je ne savais pas encore ce que tu voulais faire avec cette femme.

— Est-ce que vous portez plainte ? demanda l'agent. Il attrapera sans doute un mois pour cela.

— Non, répliqua Jenny résolument.

Ce n'était pas la même chose, d'exposer son homme à la risée de la rue, ou de le faire mettre en prison.

— Alors, rentrez vous coucher. Et vous autres (ceci à la foule) dégagez-moi la chaussée… Circulez. Il n'y a pas de quoi rire.

Et s'adressant à Tom, que ses amis encourageaient :

— Vous avez de la chance qu'elle ne porte pas plainte, mais rappelez-vous bien que la prochaine fois…

Et ainsi de suite.

Tom n'apprécia pas du tout la magnanimité de Jenny, et ses amis ne contribuèrent pas à le calmer. Il avait cogné sur cette femme parce qu'elle était un fléau. Pour la même raison également il avait choisi une nouvelle compagne. Et toutes ses amabilités envers elle avaient abouti à une scène vraiment pénible sur la rue, une honte publique très injustifiée, provoquée par sa femme et l'atteignant, et une certaine perte de prestige — il s'en rendait vaguement compte — auprès de ses pairs. Conclusion : toutes les femmes étaient des fléaux, et conclusion également : le whisky était une bonne chose. Ses amis le plaignirent. Peut-être avait-il traité sa femme plus durement qu'elle ne le méritait, mais son odieuse conduite sous le coup de la colère justifiait toutes les injures.

— A ta place, je ne voudrais plus avoir rien de commun avec elle… une femme comme celle-là, dit un des consolateurs.

— Qu'elle s'en aille trimer pour elle-même, bon Dieu ! On se décarcasse jusqu'aux moelles pour leur enfourner le manger dans la bouche, tandis qu'elles restent à la maison tout le long du jour à ne rien faire ; et la toute première fois, remarquez, qu'on a un rien de dispute, ce qui convient d'ailleurs très bien à un homme qui est un homme, elle se rebiffe et vous jette à la rue, vous traitant de Dieu sait tout quoi. Est-ce juste, voyons, je vous le demande ?

Ainsi parla le deuxième consolateur.

Le troisième fut le whisky, dont la suggestion parut à Tom la meilleure de toutes. Il allait retourner auprès de Badalia sa femme. Elle aurait probablement fait quelque chose de mal pendant son absence, et il pourrait alors revendiquer son autorité maritale. A coup sûr elle aurait de l'argent. Les femmes seules ont toujours l'air de posséder les sous que Dieu et le gouvernement refusent aux bons travailleurs. Il se réconforta d'un autre coup de whisky. Il était indubitable que Badalia aurait fait quelque chose de mal. Qui sait même si elle n'aurait pas épousé un autre homme. Il attendrait le départ du nouveau mari, et après avoir rossé Badalia il récupérerait de l'argent et un sentiment de satisfaction qui lui manquait depuis longtemps. Les dogmes et les lois renferment beaucoup de vertu, mais quand on est à bout de prières et de souffrances, la seule chose qui puisse rendre purs tous les actes d'un homme à ses propres yeux, c'est la boisson. Le malheur est que les effets n'en soient pas durables.

Tom prit congé de ses amis, en les priant d'avertir Jenny qu'il s'en allait à Gunnison street et qu'il ne reviendrait plus dans ses bras. Parce que c'était là un mauvais message, ils ne le négligèrent pas, et chacun d'eux le rapporta, avec une précision d'ivrognes, aux oreilles de Jenny. Puis Tom se remit à boire, jusqu'au moment où son ivresse reflua et s'éloigna de lui comme une vague reflue et s'éloigne du navire naufragé qu'elle s'apprête à engloutir. Il atteignit une rue transversale, à l'asphalte noir et poli par la circulation, et piétonna mollement parmi les reflets des étalages éclairés qui flambaient en des abîmes de noires ténèbres à plusieurs brasses au-dessous de ses semelles. Il était certes bien dégrisé. En examinant son passé, il se vit absous de tous ses actes, avec une si entière perfection que si en son absence Badalia avait osé mener une vie irréprochable, il la massacrerait pour n'avoir pas tourné mal.

Badalia était alors dans sa chambre, après sa coutumière escarmouche avec la mère de Lascar Lou. Sur un reproche aussi cinglant que pouvait le formuler une langue de Gunnison street, la vieille, surprise pour la centième fois à voler les humbles douceurs destinées à la malade, n'avait su que glousser et répondre :

— Tu crois que Lou n'a jamais attrapé un homme de sa vie ? La voici prête à mourir... mais elle y met le temps, la rosse. Moi ! je vivrai encore vingt ans.

Badalia la secoua, plutôt pour le principe que dans le moindre espoir de la corriger, et la projeta dans la nuit, où elle s'effondra sur le pavé, en suppliant le diable de tuer Badalia.

Le diable répondit à son appel, sous la forme d'un homme au visage livide, qui demanda celle-ci par son nom. La mère de Lascar Lou se souvint. C'était le mari de Badalia... et le retour d'un mari dans Gunnison street était en général suivi de horions.

— Où est ma femme ? dit Tom. Où est ma garce de femme ?

— Là-haut, et va te faire f... avec elle ! dit la vieille, en retombant sur le flanc. Tu es revenu la chercher, Tom ?

— Oui. Comment s'est-elle conduite pendant que j'étais parti ?

— Tous les sacrés curés de la paroisse. Elle s'est requinquée, que tu ne la reconnaîtrais pas.

— Elle est rusée !

— Oh oui. Et puis elle est toujours à circuler avec ces renifleuses de sœurs de charité et avec le curé. Et puis il lui donne de l'argent... des livres et des livres par semaine. Il l'entretient comme ça depuis des mois, vrai. Pas étonnant que tu ne voulais plus avoir rien à faire avec elle quand tu es parti. Et elle empêche d'avoir les choses à manger qu'elle reçoit pour moi qui suis couchée ici dehors, mourante, comme une chienne. Elle a été rudement rosse, Badalia, depuis ton départ.

Tom enjamba par-dessus la mère de Lascar Lou qui explorait les fentes des pavés. Il lui demanda :

— Elle a toujours la même chambre, hein ?

— Oui, mais si bien arrangée que tu ne la reconnaîtrais pas.

Et pendant que Tom montait l'escalier, la vieille ricana. Tom était en colère. Pour quelque temps, Badalia ne serait plus en état de cogner sur les gens, ni de se mêler de la distribution de flans envoyés par le ciel.

Comme elle se déshabillait pour se coucher, Badalia entendit des pas familiers qui montaient l'escalier. Quand ils s'arrêtèrent et qu'un coup de pied ébranla la porte, elle avait déjà plus ou moins réfléchi à beaucoup de choses.

— Tom est revenu, se disait-elle. Et j'en suis heureuse... en dépit du curé et du reste.

Elle ouvrit la porte en lançant le nom de Tom.

Celui-ci la repoussa.

— Je ne veux pas de tes embrassades et de tes cajoleries, fit-il. J'en ai soupé.

— Tu n'en as pourtant pas eu tellement, pour en avoir soupé, depuis deux ans.

— J'ai eu mieux. Tu as de l'argent ?

— Rien qu'un peu... terriblement peu.

— C'est un mensonge, et tu le sais bien.

— Ce n'est pas un mensonge... et dis, Tom, pourquoi parler d'argent à la même minute où tu viens de rentrer ? Jenny a cessé de te plaire ? Je m'y attendais.

— Ferme ta boîte. As-tu à boire, de quoi se cuiter comme il faut ?

— Tu n'as plus besoin de te cuiter. Tu l'es déjà suffisamment. Viens te coucher, Tom.

— Avec toi ?

— Oui, avec moi. Est-ce que je ne compte plus... malgré ta Jenny ?

Et tout en parlant elle lui tendait les bras. Mais l'ivresse de Tom le tenait solidement.

— Plus pour moi, reprit-il, en s'étayant contre le mur. Est-ce que je ne sais pas comment tu t'es conduite pendant mon absence, hé ?

— Informe-toi donc, dit avec indignation Badalia, en se contenant. Qui a dit quelque chose contre moi, ici ?

— Qui ? Mais tout le monde. Je n'étais pas encore revenu d'une minute que j'ai appris que tu as été Dieu sait où avec le curé. Quel curé était-ce ?

— Le curé qui est toujours ici, dit Badalia sans réfléchir.

Elle pensait alors à tout autre chose qu'au révérend Eustace Hanna. Gravement, Tom s'installa dans l'unique fauteuil de la pièce. Badalia continua ses apprêts pour aller se coucher.

— Voilà, reprit Tom, une jolie chose à raconter à ton vrai mari légitime… à preuve que j'ai payé cinq shillings pour l'anneau de mariage. Le curé qui est toujours ici ? Tu as un culot formidable. Tu n'es pas honteuse ? Serait-il pas sous le lit à cette heure ?

— Tom, tu es saoul à crever. Je n'ai rien a fait dont je doive être honteuse.

— Toi ! Tu ignores la honte. Mais je ne suis pas venu ici pour m'occuper de toi. Donne-moi ce que tu as, et puis je te donnerai une raclée et m'en irai retrouver Jenny.

— Je n'ai rien que du billon et un shilling ou deux.

— Il paraît cependant que le curé t'entretient à cinq livres par semaine.

— Qui t'a dit cela ?

— La mère de Lascar Lou, étendue là dehors sur le pavé, et plus honnête que tu ne le seras jamais. Donne-moi ce que tu as.

Badalia s'en alla prendre sur la cheminée une petite pelote à épingles en coquillages, en tira quatre shillings et trois pence… le produit légitime de son travail… et les tendit à l'homme, qui se balançait dans son fauteuil et considérait la chambre en roulant des yeux égarés.

— Ça ne fait pas cinq livres, dit-il d'une voix somnolente.

— Je n'ai pas plus. Prends et va-t'en, puisque tu ne veux pas rester.

S'agrippant aux bras du fauteuil, Tom se leva lentement.

— Et l'argent que le curé t'a donné ? La mère de Lascar Lou l'a dit. Donne-le-moi, où je t'assomme.

— La mère de Lascar Lou ne sait rien.

— Si fait, elle sait, et plus que tu ne le voudrais.

— Elle ne sait rien. Je l'ai matée en cognant dessus, et je n'ai pas d'argent à te donner. Tout, mais pas ça, Tom ; n'importe quoi d'autre, Tom, je te le donnerai volontiers de bon cœur. Ce n'est pas mon argent. Cet écu ne te suffit pas ? L'autre argent est un dépôt. Il y a un livre avec.

— Un dépôt ? Qu'est-ce que tu as à faire avec un dépôt que ton mari n'en sache rien ? Va donc, avec ton dépôt. Attrape ça !

Tom s'approcha d'elle et lui envoya sur la bouche un coup de son poing fermé.

— Donne-moi ce que tu as, reprit-il, d'une voix épaissie et lointaine, comme s'il parlait en rêve.

— Je ne veux pas, répliqua Badalia en trébuchant contre le lavabo.

Avec tout autre que son mari, elle eût combattu avec la férocité d'un chat-tigre ; mais Tom était resté parti deux ans, et elle se disait qu'un peu de docilité opportune le lui concilierait. Néanmoins l'argent de la semaine était sacré.

La vague qui s'était si longtemps retirée s'abattit sur le cerveau de Tom. Il saisit à la gorge Badalia et la jeta à genoux. Il lui semblait juste, à cette heure, de châtier une pécheresse pour deux années de désertion délibérée ; et cela d'autant plus qu'elle avait avoué sa faute en refusant de lui livrer le gage du péché.

Dehors, sur le pavé, la mère de Lascar Lou espérait toujours entendre des lamentations, mais elle fut déçue. Badalia n'aurait pas crié, même si Tom lui eût lâché le gosier.

— Donne-le, garce ! disait Tom. Voilà donc comment tu me récompenses de tout ce que j'ai fait pour toi ?

— Je ne peux pas. Ce n'est pas mon argent. Dieu te pardonne, Tom, pour ce que tu me…

Et comme la pression s'accentuait, la voix lui manqua. Tom poussa contre le lit Badalia, dont le front heurta un montant. Elle tomba, mi-agenouillée sur le carreau. Un homme qui se respecte ne pouvait décemment se retenir de la rouer de coups de pied. Ce que fit Tom, avec la science infernale inspirée par le whisky. Elle laissa retomber sa tête sur le carreau, et Tom ne cessa de taper qu'au moment où il reçut comme une douche d'eau froide, à sentir sous sa semelle ferrée le crissement des cheveux. Il comprit alors qu'il était peut-être temps de cesser.

— Où est l'argent du curé, espèce d'entretenue ? murmura-t-il dans l'oreille ensanglantée.

Il ne reçut pas de réponse. Mais on tambourinait à la porte, et la voix de Jenny Wabstow criait âprement :

— Laisse ça, Tom, et rentre chez nous avec moi. Et toi, Badalia, je t'arracherai la peau de la figure !

Les amis de Tom avaient transmis leur message à Jenny, et celle-ci, après un premier déluge de larmes de rage, s'était résolue à rejoindre Tom pour le ramener si possible. Même, elle était prête à subir une raclée exemplaire pour la scène de l'immeuble Hennessy. La mère de Lascar Lou le guida jusqu'à la chambre des horreurs, et redescendit l'escalier en ricanant. Si Tom n'avait pas fait périr Badalia sous les coups, ce serait du moins une bataille épique entre Badalia et Jenny. Et la mère de Lascar Lou savait bien que l'Enfer ne possède pas de furie comparable à une femme qui combat pour l'être qu'elle porte dans son sein.

De la rue, on n'entendait toujours rien. Ayant repoussé la porte non verrouillée, Jenny vit son homme qui contemplait stupidement un tas informe affaissé au pied du lit. Un éminent assassin a dit que si les gens ne mouraient pas si malproprement, beaucoup d'hommes, et toutes les femmes, commettraient au moins un assassinat dans leur vie. Tom réfléchissait à l'actuelle malpropreté, et le whisky luttait avec le courant lucide de ses pensées.

— Ne fais donc pas de bruit, dit-il. Entre vite.

— Mon Dieu ! s'écria Jenny en s'arrêtant comme une bête sauvage effarouchée. Qu'est-ce que c'est ? Tu ne l'as pas…?

— Sais pas. Je crois bien que j'ai réussi.

— Tu as réussi ! Tu as un peu trop bien réussi, pour cette fois !

— Elle me dégoûtait, dit Tom d'une voix épaissie, en se laissant aller dans le fauteuil. Tu ne peux pas te figurer comme elle me dégoûtait. Elle se payait du bon temps avec ces aristos de pasteurs et toute la clique. Regarde ces rideaux blancs à son lit. Nous n'avons pas de rideaux blancs, nous. Ce que je voudrais savoir, c'est…

Sa voix expira comme avait expiré celle de Badalia, mais pour une autre cause. Son forfait accompli, le whisky resserrait son étreinte sur Tom, dont les yeux commençaient à se fermer. Sur le carreau, Badalia respirait avec peine.

— Non, inutile, dit Jenny. Cette fois tu l'as tuée. Va-t'en.

— Jamais. Elle ne fera plus de mal. Ça lui apprendra. Moi, je vais dormir. Mais regarde-moi ces draps propres. Est-ce que tu viens aussi ?

Jenny se pencha sur Badalia, et dans les yeux de la femme assommée, elle vit de la compréhension… et beaucoup de haine.

— Je ne lui ai jamais conseillé de faire ça, murmura Jenny. C'est Tom seul… Je n'y suis pour rien. Veux-tu que je le fasse arrêter, dis, ma chérie ?

Les yeux se firent expressifs : Tom, qui s'était mis à ronfler, ne devait pas être livré à la justice.

— Pars, dit Jenny à ce dernier. Va-t'en ! Va-t'en d'ici !

— Tu… me l'as déjà dit… cet après-midi, répliqua l'homme tout ensommeillé. Laisse-moi dormir.

— Ce n'était rien, alors. Tu m'avais seulement frappée. Mais ce coup-ci tu l'as tuée… tuée… tuée ! entends-tu, Tom, tu viens de la tuer !

Elle secouait l'homme pour le réveiller, et la compréhension emplit d'une terreur glacée le cerveau obnubilé.

— C'est pour t'être agréable que je l'ai fait, Jenny, pleurnicha-t-il piteusement, tout en s'efforçant de lui prendre la main.

— Tu l'as tuée pour son argent, et tu m'aurais tuée de même. Sors d'ici. Et mets-la sur le lit d'abord, brute.

A eux deux, ils déposèrent Badalia sur le lit, et se retirèrent en silence.

— Il ne faut pas que je sois prise avec toi… et si tu étais pris tu dirais que c'est moi qui t'y ai poussé, et tu tâcherais de me faire prendre. Va-t'en… n'importe où, loin d'ici, lui répétait Jenny en le tirant à bas de l'escalier.

— Vous allez rendre visite au curé ? dit une voix s'élevant de la chaussée, où la mère de Lascar Lou attendait toujours patiemment d'entendre Badalia piauler.

— Quel curé ? demanda bien vite Jenny.

Elle entrevoyait un dernier espoir de libérer sa conscience au sujet du tas informe gisant là-haut.

— Hanna… 63, Roomer Terrace… ici tout près, répliqua la vieille.

Le curé ne l'avait jamais vue d'un bon œil. Et puisque Badalia n'avait pas piaulé, c'était que Tom préférait démolir l'homme plutôt que la femme. On ne discute pas des goûts.

Jenny poussa son homme devant elle jusqu'au carrefour de la plus proche grande artère.

— Là, va-t'en, chuchota-t-elle. File n'importe où, mais que je ne te revoie plus. Je n'irai jamais plus avec toi ; et puis, Tom… tu m'entends ?… nettoie tes souliers.

Exhortation vaine. La suprême poussée qu'elle lui infligea, de dégoût, l'envoya rouler la tête la première dans le ruisseau, où un agent vint s'intéresser à son bien-être.

— Il le prend pour un vulgaire ivrogne. Dieu fasse qu'on ne regarde pas ses souliers ! Hanna, 63, Roomer Terrace…

Jenny assujettit son chapeau et prit sa course.

L'excellente concierge des appartements Roomer se rappelle encore avoir vu arriver une jeune personne aux lèvres décolorées et haletante, qui se borna à lui crier : « Badalia, 17, Gunnison street. Dites au curé de venir tout de suite… tout de suite… tout de suite ! » et disparut dans la nuit. Ce message fut transmis au révérend Eustace Hanna, qui dormait alors de son premier sommeil. Il comprit qu'il y avait urgence, et n'hésita pas à aller réveiller frère Victor, de l'autre côté du palier. Selon le protocole, Rome et l'Angleterre se répartissaient les cas du quartier conformément à la religion du patient ; mais Badalia était une institution et non un cas, et il n'y avait plus de protocole à observer.

— Il est arrivé quelque chose à Badalia, dit le curé. C'est votre affaire aussi bien que la mienne. Habillez-vous et venez.

— Je suis prêt, répondit-on. Avez-vous quelques indices de la nature de l'accident ?

— Rien : on a pris la fuite après un coup de sonnette et un mot d'avertissement.

— Alors il s'agit de séquestration ou de tentative d'assassinat. Badalia ne nous ferait pas réveiller à moins. Je suis qualifié pour les deux, grâce à Dieu.

Les deux hommes trottèrent jusqu'à Gunnison street, car il n'y avait pas de fiacre en vue, et en tout cas le prix d'une course en fiacre représente deux jours de feu pour ceux-là qui meurent de froid. La mère de Lascar Lou était partie se coucher, et la porte n'était naturellement pas fermée à clef. Dans la chambre de Badalia, les deux visiteurs trouvèrent beaucoup pire qu'ils ne s'y attendaient, et l'Église de Rome s'acquitta vaillamment du pansement, tandis que l'Église d'Angleterre se bornait à prier Dieu de lui épargner le péché d'envie. Étant donné que la plupart du temps on n'arrive à l'âme que par l'intermédiaire du corps, l'Ordre du Petit Bien-Être prend ses mesures et exerce ses recrues en conséquence.

— Voilà qui est fait, dit frère Victor dans un souffle. Mais je crains qu'il n'y ait de l'hémorragie interne et une lésion au cerveau. Elle a un mari, comme juste ?

— Elles en ont toutes, hélas !

— Oui, ces blessures ont un caractère domestique qui décèle leur origine. (Il baissa la voix.) Il n'y a aucun espoir, voyez-vous. Douze heures tout au plus.

La main de Badalia, à plat sur la couverture, se mit à tapoter.

— Vous vous trompez, je pense, dit l'Église d'Angleterre. Elle va passer.

— Non, elle ne ramène pas ses draps, répondit l'Église de Rome. Elle a quelque chose à dire : vous la connaissez mieux que moi.

Le curé se pencha très bas.

— Envoyez chercher Mlle Eva, fit Badalia dans un râle.

— Au matin. Elle viendra au matin, répondit le curé, pour contenter Badalia.

Mais l'Église d'Angleterre, qui connaissait un peu le cœur humain, fronça les sourcils sans rien dire. Après tout, les règles de son ordre étaient formelles. Son devoir était de veiller jusqu'à l'aube, tandis que la lune s'abaissait dans le ciel.

Ce fut un peu avant la disparition de cette dernière que le révérend Eustace Hanna prononça :

— La malheureuse paraît décliner rapidement. Ne ferions-nous pas bien d'aller chercher sœur Eva ?

Frère Victor ne répondit rien, mais aussitôt que l'honnêteté le permit, quelqu'un heurta à la porte de la maison des Petites Sœurs du Diamant Rouge et demanda que sœur Eva vînt adoucir l'agonie de Badalia Herodsfoot. Cet homme, qui parla très peu, conduisit sœur Eva au numéro 17 de Gunnison street et jusque dans la chambre où reposait Badalia. Puis il resta sur le palier, à se mordre les phalanges, de détresse, car c'était un prêtre plein de savoir et il n'ignorait pas comment réagissent les cœurs des hommes et des femmes, et que l'amour naît de l'horreur, et que la passion se déclare quand l'âme frémit de douleur.

Avisée jusqu'à la fin, Badalia ménageait ses forces en attendant la venue de sœur Eva. On prétend en général chez les Petites Sœurs du Diamant Rouge qu'elle mourut dans le délire, mais c'est là un jugement peu charitable, car une des sœurs adopta au moins la moitié de son suprême conseil.

Elle s'efforça péniblement de se retourner sur sa couche, et la pauvre machine humaine disloquée protesta en conséquence.

Sœur Eva s'élança, croyant entendre le terrible râle avant-coureur de la mort. Badalia, inerte, gardait sa conscience, et l'incorrigible irrévérencieuse, cette fille qui avait dansé sur la charrette à bras, parla avec une netteté frappante, tout en clignant de son unique œil disponible.

— On croirait entendre Mme Jessel, hein ? avant qu'elle n'ait eu à déjeuner, et quand elle a parlé toute la matinée avec ses semblables.

Ni sœur Eva ni le curé ne répliquèrent. Frère Victor se tenait derrière la porte, et il émettait un souffle rauque, car il souffrait.

— Mettez-moi le drap sur la figure, dit Badalia. J'ai été bien arrangée, et je ne veux pas que Mlle Eva me voie. Je ne suis pas jolie ce coup-ci.

— Qui était-ce ? demanda le curé.

— Un homme du dehors. Je ne le connais ni d'Ève ni d'Adam. Il était saoul, je suppose. Je jure Dieu que c'est la vérité ! Est-ce que Mlle Eva est là ? Je n'y vois pas sous cette serviette. J'ai été bien arrangée, mademoiselle Eva. Excusez-moi de ne pas vous serrer la main, mais je ne suis pas très vaillante, et c'est quatre pence pour le bouillon de Mme Imeny, et ce que vous pourrez lui donner pour la layette. Elles ont toutes des gosses, ces femmes. Moi, je n'ai pas à me plaindre, car voilà deux ans que mon mari n'est pas revenu auprès de moi, ou sinon j'aurais été aussi mal en point que les autres ; mais il n'est plus revenu auprès de moi... Il est arrivé un homme qui m'a frappée sur la tête et m'a donné des coups de pied, mademoiselle Eva ; ainsi c'est tout comme si j'avais eu un mari, n'est-ce pas ? Le cahier est dans la commode, monsieur Hanna, et tout est en ordre, et je n'ai jamais livré un sou de l'argent en dépôt... pas un sou. Regardez sous la commode, vous y trouverez tout ce qui n'a pas été dépensé cette semaine... Et dites, mademoiselle Eva, ne portez plus cette cornette grise. Je vous ai préservée du croup, et... et ce n'était pas mon intention, mais le curé a dit qu'il le fallait. Je me serais mieux accordée avec lui qu'avec tout autre, mais si Tom était revenu... voyez-vous, mademoiselle Eva, depuis deux ans Tom n'est jamais revenu auprès de moi, et je ne l'ai plus revu. Vous m'entendez ? Mais allez-y, vous deux, mariez-vous. J'ai souvent souhaité autre chose, mais bien sûr ce n'était pas pour une femme comme moi. Tom n'est jamais revenu, mais s'il était revenu, j'aurais été comme les autres... six pence pour le bouillon du bébé, et un shilling pour des langes. Vous l'avez vu dans le cahier, monsieur Hanna. C'est comme ça, et bien entendu vous ne pouviez avoir rien de commun avec moi. Mais les femmes désirent ce qu'elles voient, et vous n'avez pas à douter de lui, mademoiselle Eva. Je l'ai vu sur sa figure maintes et maintes fois... maintes et maintes... Faites-moi un enterrement de quatre livres dix... avec un drap mortuaire.

Elle eut un enterrement de sept livres quinze shillings, et tous les gens de Gunnison street y allèrent pour lui faire honneur. Tous sauf deux ; car la mère de Lascar Lou comprit qu'une force avait disparu, et que rien désormais ne la séparait plus des flans. Aussi, quand les voitures s'éloignèrent, le chat du seuil entendit la plainte de la prostituée mourante qui n'arrivait pas à mourir :

— Oh ! mère, mère, tu ne me laisseras même pas lécher la cuiller !

LES ENFANTS DU ZODIAQUE

Bien que tu aimes ta femme comme toi-même,

Comme un autre moi d'une argile plus pure,

Bien que son départ obscurcisse pour toi le jour

Et prive tout ce qui a vie de charme,

Sache-le bien :

Quand les demi-dieux s'en vont,

Les dieux arrivent.

Emerson.

Il y a des milliers d'années, quand les hommes étaient plus grands qu'ils ne sont aujourd'hui, les Enfants du Zodiaque vivaient dans le monde. Les Enfants du Zodiaque étaient six : le Bélier, le Taureau, Leo, les Gémeaux et Virgo, et ils redoutaient les six Maisons qui appartenaient au Scorpion, à la Balance, au Cancer, aux Poissons, au Sagittaire et au Verseau. Dès le premier instant où ils posèrent le pied sur la terre et où ils se connurent pour des dieux immortels, cette crainte ne les quitta plus ; et elle augmenta encore à mesure qu'ils se familiarisaient mieux avec l'humanité et qu'ils entendaient parler des six Maisons. Les hommes traitaient en dieux les Enfants et venaient à eux avec des prières et de longs récits de doléances que les Enfants du Zodiaque écoutaient sans comprendre.

Une mère se jetait aux pieds des Gémeaux ou du Taureau en gémissant :

— Mon mari travaillait aux champs, et le Sagittaire l'a percé d'un trait, et il est mort ; et le Sagittaire va aussi tuer mon fils ? Secourez-moi !

Le Taureau abaissait son énorme tête et répondait :

— Qu'est-ce que ça me fait ?

Ou bien les Gémeaux souriaient et continuaient à jouer ; car ils ne comprenaient pas pourquoi l'eau coulait des yeux des gens. D'autres fois un homme et une femme s'en venaient vers Leo ou Virgo, en s'écriant :

— Nous sommes deux nouveaux mariés et nous sommes très heureux. Voici des fleurs.

Et en jetant les fleurs ils émettaient des sons mystérieux pour montrer qu'ils étaient très heureux ; et Leo et Virgo s'étonnaient encore plus que les Gémeaux de voir des gens crier « Ha ! ha ! ha ! » sans motif.

Ceci continua durant des milliers d'années d'après le comput humain. Un jour enfin, Leo rencontra Virgo qui se promenait dans la montagne, et vit qu'elle avait complètement changé depuis la dernière fois qu'il l'avait vue. Virgo, regardant Leo, vit que lui aussi avait changé du tout au tout. Alors ils décidèrent qu'ils feraient bien de ne plus jamais se séparer, de crainte que des changements encore plus considérables ne vinssent à se produire tandis que l'un ne serait pas à portée de secourir l'autre. Leo donna un baiser à Virgo, et toute la terre ressentit ce baiser, et Virgo s'assit sur une montagne et l'eau coula de ses yeux, ce qui n'était jamais arrivé encore, au souvenir des Enfants du Zodiaque.

Comme ils étaient là tous les deux, un homme et une femme vinrent à passer, et l'homme dit à la femme :

— Quel besoin de gaspiller ces fleurs pour des dieux stupides ? Ils ne nous comprennent pas, ma chérie.

Virgo se dressa d'un bond et entoura la femme de ses bras, en s'écriant :

— Je comprends. Donne-moi tes fleurs et je te donnerai un baiser.

A mi-voix Leo dit à l'homme :

— Quel nouveau nom t'ai-je entendu donner à ta femme il n'y a qu'un instant ?

L'homme répondit :

— Je l'ai appelée ma chérie, cela va de soi.

— Pourquoi dis-tu : « Cela va de soi » ? demanda Leo ; et si cela va de soi, qu'est-ce que cela veut dire ?

— Cela veut dire : « Très chère », et on n'a qu'à regarder sa femme, on sait pourquoi.

— Je comprends, reprit Leo. Tu as bien raison.

Et quand l'homme et la femme se furent éloignés, il appela Virgo « ma femme chérie », et derechef Virgo pleura de pur bonheur.

— Je pense, dit-elle enfin, s'essuyant les yeux, je pense que toi et moi nous avons trop négligé les hommes et les femmes. Qu'as-tu fait des sacrifices qu'ils t'ont offerts ?

- - Je les ai laissés brûler, répondit Leo. Je ne pouvais les manger. Et toi, qu'as-tu fait de leurs fleurs ?

— Je les ai laissées se flétrir, répliqua Virgo. Je ne pouvais m'en parer : j'en avais déjà trop à moi. Et maintenant j'en suis triste.

— Il n'y a pas de quoi se chagriner, reprit Leo ; nous sommes l'un à l'autre.

Tandis qu'ils s'entretenaient, les ans de la vie humaine coulaient à leur insu, et bientôt l'homme et la femme s'en revinrent, tous deux chenus, et l'homme portait la femme.

— Nous sommes arrivés à la fin des choses, dit l'homme avec calme. Celle qui fut ma femme…

— Comme je suis la femme de Leo, reprit bien vite Virgo, dont les yeux brillèrent.

— … qui fut ma femme, a été tuée par l'une de vos Maisons.

L'homme déposa son fardeau et se mit à rire.

— Quelle Maison ? demanda Leo en colère, car il détestait également toutes les Maisons.

— Vous êtes des dieux, vous devez le savoir, répondit l'homme. Nous avons vécu ensemble en nous aimant tous les deux, et je laisse à mon fils une bonne ferme. De quoi me plaindrais-je, sinon de vivre encore ?

Comme il était penché sur le corps de sa femme, un sifflement déchira l'air. Il se dressa et voulut fuir, en s'écriant :

— C'est la flèche du Sagittaire. Oh ! que je vive encore un peu… rien qu'un petit peu !

La flèche le frappa, et il mourut. Leo et Virgo s'entre-regardaient et tous deux étaient ébahis.

— Il souhaitait mourir, dit Leo. Il disait qu'il souhaitait mourir, et quand la mort est venue, il a tenté de fuir. C'est un lâche.

— Non, dit Virgo, ce n'est pas un lâche. Il me semble que j'éprouve le même sentiment que lui. Leo, il nous faut en apprendre davantage là-dessus, pour l'amour d'eux.

— Pour l'amour d'eux, répéta Leo, très haut.

— Parce que nous sommes destinés à ne jamais mourir, reprirent ensemble Leo et Virgo, encore plus haut.

— Assieds-toi donc là tranquillement, ma femme chérie, dit Leo. Moi, j'irai visiter les Maisons que nous haïssons, et j'apprendrai d'elles le moyen de faire vivre comme nous ces hommes et ces femmes.

— Et de les faire s'aimer comme nous, reprit Virgo.

— Je ne crois pas qu'ils aient besoin d'en être instruits, dit Leo.

Et il s'éloigna très en colère, avec sa peau de lion lui battant sur l'épaule. Il arriva à la Maison où le Scorpion habite, brandissant sa queue par-dessus son dos.

— Pourquoi nuis-tu aux enfants des hommes ? demanda Leo, le cœur défaillant.

— Es-tu sûr que je nuise seulement aux enfants des hommes ? interrompit le Scorpion. Demande à ton frère le Taureau, et tu verras ce qu'il te dira.

— Je suis venu à cause des enfants des hommes, reprit Leo. J'ai appris à aimer comme eux, et je veux qu'ils vivent comme moi… comme nous.

— Ton souhait est réalisé depuis longtemps. Demande au Taureau. Il est sous ma garde particulière, répondit le Scorpion.

Leo s'en retourna sur la terre, et vit la grande étoile Aldébaran, qui est sertie dans le front du Taureau, étinceler tout proche de terre. Quand il fut arrivé auprès d'elle, il vit que son frère le Taureau, attelé à la charrue d'un laboureur, peinait tête basse dans l'eau d'une rizière, et la sueur ruisselait de ses flancs. Le laboureur le poussait de l'avant à l'aide d'un aiguillon.

— Déchire cet insolent, mets-le à mort ! s'écria Leo, et pour l'amour de notre honneur, sors de la fange.

— Je ne puis, dit le Taureau, le Scorpion m'a prédit qu'un jour, jour dont je n'ai pas connaissance, il me piquera à l'endroit où mon cou s'attache à mes épaules, et que je mourrai en meuglant.

— Quel rapport cela a-t-il avec ce hideux labeur ? demanda Leo, arrêté sur la digue qui bornait le champ inondé.

— Beaucoup. Cet homme ne pouvait labourer sans mon aide. Il me prend pour une bête échappée.

— Mais c'est un pacant croûté de boue et aux cheveux emmêlés, reprit Leo. Nous ne sommes pas destinés à son usage.

— Toi peut-être pas, mais moi, si. Je ne peux dire quand il prendra fantaisie au Scorpion de me piquer de son dard mortel… peut-être avant que j'aie retourné ce sillon.

Le Taureau lança sa masse dans le joug, et derrière lui la charrue déchira la terre grasse, et le paysan l'aiguillonna au point de lui rougir les flancs.

— Cela te plaît ? cria Leo, du bout des sillons ruisselants.

— Non, répondit le Taureau par-dessus son épaule en arrachant ses pattes de derrière de la fange collante, et s'éclaircissant les naseaux.

Dédaigneusement, Leo le quitta et s'en alla dans une autre contrée, où il trouva son frère le Bélier au centre d'une foule de gens du pays qui suspendaient à son cou des guirlandes de fleurs et lui donnaient à manger du blé vert frais cueilli.

— Voilà qui est abominable, dit Leo. Disperse cette foule et va-t'en, mon frère. Leurs mains souillent ta toison.

— Je ne puis, dit le Bélier. Le Sagittaire m'a prédit qu'un jour, jour dont je n'ai pas connaissance, il me percera d'une flèche, et que je mourrai en d'extrêmes douleurs.

— Quel rapport cela a-t-il avec cette scène indécente ? dit Leo, mais avec moins d'assurance que précédemment.

— Cela en a beaucoup, dit le Bélier. Ces gens n'ont jamais vu encore de mouton idéal. Ils croient que je suis une bête échappée, et ils veulent me porter de place en place comme un parangon pour tous leurs troupeaux.

— Mais ce sont des bergers crasseux, nous ne sommes pas faits pour les amuser, dit Leo.

— Toi peut-être pas, mais moi, si, dit le Bélier. J'ignore quand il prendra fantaisie au Sagittaire de me décocher son trait… peut-être avant que les gens d'une demi-lieue plus loin sur la route ne m'aient vu.

Le Bélier baissa la tête pour permettre à un rustre nouveau venu d'y accrocher une guirlande de feuilles d'ail sauvage, et se laissa patiemment tâter la toison par les fermiers.

— Cela te plaît ? cria Leo par-dessus les têtes de la foule.

— Non, dit le Bélier.

Et la poussière soulevée par le piétinement des pieds le fit éternuer, et il renifla le fourrage entassé devant lui.

Leo s'en alla, dans l'intention de retourner sur ses pas jusqu'aux Maisons, mais comme il traversait une rue, il vit deux petits enfants tout poudreux qui se roulaient devant le seuil d'une maisonnette en jouant avec un chat. C'étaient les Gémeaux.

— Qu'est-ce que vous faites là ? dit Leo, indigné.

— Nous jouons, dirent tranquillement les Gémeaux.

— Ne pouvez-vous jouer sur les bords de la Voie Lactée ? dit Leo.

— C'est ce que nous faisions, reprirent-ils, mais les Poissons sont arrivés à la nage et nous ont prédit qu'un jour ils reviendraient pour nous prendre et nous emporter sans nous faire aucun mal. C'est pourquoi nous jouons à être des petits enfants ici-bas. Cela plaît aux gens.

— Et cela vous plaît-il ? dit Leo.

— Non, dirent les Gémeaux, mais il n'y a pas de chats dans la Voie Lactée.

Et tout pensifs ils tirèrent la queue du chat. Une femme sortit sur le seuil et s'arrêta derrière eux, et Leo vit sur ses traits une expression qu'il avait déjà vue sur ceux de Virgo.

— Elle croit que nous sommes des enfants trouvés, dirent les Gémeaux, qui se hâtèrent de rentrer pour souper.

Alors, en toute hâte, Leo courut successivement à toutes les Maisons, car il n'arrivait pas à comprendre le nouvel ennui qui était survenu à ses frères. Il s'adressa au Sagittaire, et le Sagittaire l'assura qu'en ce qui concernait sa Maison, Leo n'avait rien à craindre. Le Verseau, les Poissons et le Scorpion lui firent la même réponse. Ils ne savaient rien de Leo et s'en souciaient encore moins. Ils étaient les Maisons et ils s'occupaient à tuer les hommes.

Il arriva enfin à cette très sombre Maison où Cancer le Crabe se tient si tranquille qu'on le croirait endormi, n'était le jeu continuel et le mouvement ondulatoire des appendices plumeux entourant sa bouche. Ce mouvement ne cesse jamais. Et parce qu'il est silencieux et sans hâte, il ressemble à la morsure d'un feu qui couve dans du bois vermoulu.

Leo s'arrêta en face du Crabe, et les demi-ténèbres lui laissèrent entrevoir le vaste dos d'un noir bleuâtre et les yeux immobiles. De temps à autre il croyait entendre un bruit de sanglots, mais presque imperceptible.

— Pourquoi nuis-tu aux enfants des hommes ? dit Leo.

Il ne reçut pas de réponse, et sans le vouloir Leo cria :

— Pourquoi nous nuis-tu ? Que t'avons-nous fait pour que tu nous nuises ?

Cette fois Cancer répondit :

— Qu'en sais-je et que m'importe ? Tu es né dans ma Maison, et au temps prescrit je viendrai te trouver.

— Quel est ce temps prescrit ? dit Leo en s'écartant du mouvement incessant de la bouche.

— Quand la pleine lune cessera de provoquer la pleine marée, dit le Crabe, je viendrai trouver l'un. Quand l'autre aura pris le monde aux épaules, je prendrai cet autre à la gorge.

Leo porta la main à la pomme de sa gorge, s'humecta les lèvres, et se ressaisissant, dit :

— Dois-je donc craindre pour deux ?

— Pour deux, dit le Crabe, et pour tous ceux qui peuvent venir ensuite.

— Mon frère le Taureau a un meilleur destin, dit mornement Leo ; il est seul.

Avant qu'il eût le temps d'achever sa phrase, une main lui ferma la bouche, et Virgo fut dans ses bras. En vraie femme, elle n'était pas restée où Leo l'avait laissée, mais s'était aussitôt mise en quête pour connaître le pire, et sans s'arrêter aux autres Maisons, était venue droit au Cancer.

— C'est ridicule, dit tout bas Virgo. J'ai attendu si longtemps dans le noir jusqu'à ta venue. Alors j'avais peur. Mais à présent…

Elle posa la tête sur son épaule et poussa un soupir de satisfaction.

— J'ai peur, à présent, dit Leo.

— C'est à cause de moi, dit Virgo. Je le sais, parce que je crains pour toi. Allons-nous-en, mon mari.

Ensemble, ils sortirent des ténèbres et retournèrent sur terre. Leo se taisait, et Virgo s'efforçait de l'égayer.

— Le sort de mon frère est le meilleur, répétait Leo de temps à autre.

Et il finit par dire :

— Allons chacun de notre côté et vivons seuls jusqu'à notre mort. Nous sommes nés sous la Maison du Cancer et il viendra nous trouver.

— Je sais, je sais. Mais où irai-je ? Et où dormiras-tu le soir ? Néanmoins, essayons. Je vais rester ici. Poursuis-tu ?

Leo fit très lentement six pas en avant, et trois longues enjambées en arrière très vivement ; et le troisième pas le remit au côté de Virgo. Cette fois ce fut elle qui le pria de s'éloigner et de la quitter, et il fut contraint de la réconforter durant toute la nuit. Cette nuit-là les décida tous deux à ne jamais se quitter pour un instant, et quand ils eurent pris cette résolution, ils se retournèrent vers l'obscure Maison du Cancer qui les dominait du haut du ciel, et leurs bras passés au cou l'un de l'autre, ils riaient : « Ha ! ha ! ha ! » exactement comme les enfants des hommes. Et ce fut la toute première fois de leur existence où ils rirent.

Le lendemain ils regagnèrent leur demeure habituelle, et virent les fleurs et les sacrifices que les villageois des montagnes avaient déposés devant leur seuil. Leo dispersa le feu d'un coup de talon, et Virgo, en frissonnant, jeta au loin les guirlandes de fleurs. Quand les villageois revinrent comme de coutume, voir ce qu'il était advenu de leurs offrandes, ils ne trouvèrent plus sur les autels ni roses ni chairs brûlées, mais un homme et une femme, aux visages pâles d'effroi, étaient assis la main dans la main sur les degrés d'un autel.

— N'êtes-vous pas Virgo ? demanda une femme à celle-ci. Je vous ai envoyé des fleurs hier.

— Petite sœur, dit Virgo, rougissant jusqu'au front, ne m'envoie plus de fleurs, car je ne suis qu'une femme comme toi.

L'homme et la femme se retirèrent, mal convaincus.

— Et maintenant, qu'allons-nous faire ? dit Leo.

— Il nous faut tâcher d'être gais, je pense, dit Virgo. Nous savons tout ce qui peut nous arriver de pis, mais nous ne savons pas le meilleur de ce que l'amour nous réserve. Nous avons bien de quoi nous réjouir.

— Nous avons la certitude de la mort, dit Leo.

— Tous les enfants des hommes ont cette même certitude, pourtant ils riaient, longtemps avant que nous eussions connu le rire. Il nous faut apprendre à rire, Leo. Nous avons déjà ri une fois.

Les gens qui, tels les Enfants du Zodiaque, se considèrent comme des dieux, ont de la peine à rire parce que les Immortels ne connaissent rien qui mérite d'en rire ou d'en pleurer. Leo se leva le cœur très gros, et, accompagné de Virgo, il s'en alla çà et là parmi les hommes : leur nouvelle crainte les accompagnait. Ils rirent d'abord d'un enfançon nu qui cherchait à introduire son orteil dodu dans sa drôle de petite bouche rose ; ils rirent ensuite d'un petit chat qui courait après sa queue ; et puis ils rirent d'un jeune garçon qui s'efforçait de dérober un baiser à une jeune fille, et qui recevait des taloches. Ils rirent enfin parce que le vent leur soufflait dans la figure, tandis qu'ils dévalaient à eux deux la pente d'une colline, au bas de laquelle ils se jetèrent tout haletants et hors d'haleine dans un attroupement de villageois. Les villageois, eux aussi, rirent de leurs vêtements qui volaient et de leurs visages rougis par le vent ; et dans la soirée ils leur donnèrent à manger et les invitèrent à un bal sur l'herbe, où chacun riait, naïvement heureux de se livrer à la danse.

Cette nuit-là, Leo se dressa d'un bond aux côtés de Virgo, en s'écriant :

— Chacun de ces gens que nous venons de rencontrer mourra...

— Nous aussi, répliqua Virgo, mi-endormie. Recouche-toi, mon aimé.

Leo ne vit pas qu'elle avait le visage mouillé de pleurs.

Mais Leo se leva et partit au loin dans les champs, poussé en avant par la crainte de la mort pour lui et pour Virgo, qui lui était plus chère que lui-même. Enfin il rencontra le Taureau qui sommeillait au clair de lune après une journée de dur travail, et considérait de ses yeux entre-clos les beaux sillons droits qu'il avait creusés.

— Ho ! dit le Taureau, on t'a donc prédit également ces choses. Laquelle des Maisons te réserve la mort ?

Leo leva le doigt vers la sombre Maison du Crabe et soupira :

— Et il viendra aussi prendre Virgo.

— Et alors, dit le Taureau, que vas-tu faire ?

Leo s'assit sur la digue et avoua son ignorance.

— Tu ne sais pas tirer la charrue, dit le Taureau avec un peu de dédain. Moi, je sais, et cela m'empêche de penser au Scorpion.

Leo fut irrité et ne dit plus rien jusqu'à la venue de l'aurore, où le cultivateur vint atteler le Taureau à son travail.

— Chante, dit le Taureau tandis que le joug raide de boue grinçait sous l'effort. J'ai l'épaule écorchée. Chante un de ces airs que nous chantions lorsque nous nous croyions des dieux.

Leo se recula dans la cannaie et entonna le Chant des Enfants du Zodiaque… l'hymne de guerre des jeunes que rien n'effraie. Au début il poussa le chant à contre-cœur, et puis le chant l'entraîna, et sa voix roulait sur les guérets, et le Taureau marchait en mesure, et le cultivateur lui donnait des coups sur les flancs par pure gaieté de cœur, et les sillons se déroulaient de plus en plus vite derrière la charrue. Puis arriva à travers champs Virgo, qui cherchait Leo : elle le trouva chantant dans la cannaie. Elle joignit sa voix à la sienne, et la femme du cultivateur apporta son fuseau à l'air libre et les écouta, entourée de tous ses enfants. Quand vint l'heure de la méridienne, Leo et Virgo avaient soif et faim d'avoir chanté, mais le cultivateur et sa femme leur donnèrent du pain de seigle et du lait, et beaucoup de remerciements, et le Taureau trouva l'occasion de dire :

— Vous m'avez aidé à faire un bon demi-champ de plus que je n'aurais fait autrement. Mais le plus dur de la journée est encore à venir, frère.

Leo désira s'étendre à terre et méditer sur les paroles du Crabe. Virgo s'en alla causer avec la femme et le bébé du cultivateur, et le labourage d'après-midi commença.

— Aide-nous maintenant, dit le Taureau. Les énergies du jour baissent. J'ai les jambes toutes roides. Chante comme tu n'as jamais chanté.

— Pour un villageois boueux ? dit Leo.

— Il est sous le même signe que nous. Es-tu donc lâche ? dit le Taureau.

Leo rougit et recommença, la gorge irritée, et de mauvaise humeur. Peu à peu il dévia du Chant des Enfants, et sans désemparer composa un chant ; et c'était là chose qu'il n'aurait jamais faite s'il n'eût rencontré le Crabe face à face. Il se souvint de détails concernant les cultivateurs et les bœufs et les rizières, qu'il n'avait pas spécialement remarqués avant l'entrevue, et les relia ensemble, s'y intéressant davantage à mesure qu'il chantait, et il en conta au cultivateur au sujet de son travail et sur lui-même, beaucoup plus que n'en savait le cultivateur. Le Taureau l'approuvait par ses grognements, tout en peinant dans les sillons pour la dernière fois de ce jour-là, et le chant se termina, laissant le cultivateur avec une très bonne opinion de lui-même en dépit de ses os douloureux. Virgo sortit de la cabane où elle avait tenu tranquilles les enfants et conté à l'épouse des propos de femme, et ils mangèrent tous ensemble le repas du soir.

— Vous devez avoir là une existence bien agréable, dit le cultivateur, à rester assis comme ça sur une digue tout le jour et à chanter ce qui vous passe par la tête. Dites, vous deux, y a-t-il longtemps que vous menez cette vie… de bohémiens ?

— Oh ! beugla le Taureau, de sa litière. Voilà tous les remerciements que tu recevras jamais des hommes, frère.

— Non, répondit Virgo au paysan. Nous venons seulement de commencer ; mais nous allons nous y tenir aussi longtemps que nous vivrons. N'est-ce pas, Leo ?

— Oui, dit celui-ci.

Et ils s'éloignèrent, la main dans la main.

— Tu chantes admirablement, Leo, dit celle-ci comme une femme doit le dire à son mari.

— Et toi, qu'as-tu fait ? demanda-t-il.

— J'ai causé avec la mère et les petits. Tu ne croirais jamais comme il nous faut peu de chose pour nous faire rire, nous autres femmes.

— Et… suis-je destiné à poursuivre ce… ce métier de bohémien ? dit Leo.

— Oui, mon aimé, et je t'y aiderai.

Il n'y a pas de documents écrits sur la vie de Leo et de Virgo, et nous ne pouvons dire comment Leo s'accommoda de son nouvel emploi qu'il détestait. Mais nous sommes assurés que Virgo l'aimait davantage à chaque fois qu'il chantait ; voire même quand, la chanson finie, elle faisait le tour de la société avec une sorte de tambour de basque, et recueillait les sous de leur pain quotidien. Il y avait aussi des fois où incombait à Leo la tâche très ardue de consoler Virgo, indignée par les odieux éloges que les gens leur donnaient à tous deux... ou par les ridicules plumes onduleuses de faisan qu'on piquait au bonnet de Leo, ou par les boutons et les morceaux de drap que l'on cousait à son habit. En vraie femme, elle savait le conseiller et l'aider en vue de leur but, mais la bassesse des moyens la révoltait.

— Qu'importe, disait Leo, aussi longtemps que mes chants les rendent un peu plus heureux ?

Et ils poursuivaient leur route et recommençaient des variations sur le très vieux thème : que de tout ce qui leur arrivait ou ne leur arrivait pas, les enfants des hommes ne devaient pas s'en effrayer. Ce fut un enseignement pénible au début, mais au cours des ans Leo s'aperçut qu'il savait l'art de faire rire les hommes et de les tenir attentifs autour de lui, même quand la pluie tombait. Mais tandis que la foule hurlait de plaisir, il y avait des gens qui s'asseyaient à terre et pleuraient doucement, et ces gens-là prétendaient que c'était l'œuvre de Leo ; et Virgo leur parlait dans les intervalles de la représentation et faisait de son mieux pour les réconforter. Des gens mouraient aussi, tandis que Leo contait, ou chantait, ou riait, car le Sagittaire et le Scorpion et le Crabe et les autres Maisons étaient sans cesse à l'œuvre. Parfois la foule se dispersait, prise de panique, et Leo s'efforçait de les tranquilliser en leur déclarant que c'était là une lâcheté, et parfois les gens se moquaient des Maisons qui les tuaient, et Leo leur expliquait que c'était là une lâcheté pire encore que de s'enfuir.

Dans leurs vagabondages ils rencontraient le Taureau ou le Bélier ou les Gémeaux, mais tous étaient trop occupés et se bornaient à s'adresser un signe de tête réciproque par-dessus la foule, sans interrompre leur besogne. Avec les années ils cessèrent même de se reconnaître, car les Enfants du Zodiaque avaient oublié qu'ils eussent jamais été des dieux travaillant pour l'amour des hommes. Sur le front du Taureau, Aldébaran était ternie de boue séchée, la toison du Bélier était poudreuse et déchirée, et les Gémeaux n'étaient plus que des petits enfants se battant autour du chat sur un seuil. Ce fut alors que Leo dit :

— Cessons de chanter et de faire les baladins.

Et ce fut alors que Virgo lui répondit :

— Non.

Mais elle ignorait pourquoi elle proférait ce « non » aussi énergiquement.

Leo soutint que c'était là de la perversité, jusqu'au jour où elle-même à la fin d'une étape rebutante lui fit la même proposition. Il lui répondit : « Bien assurément pas », et oubliant le sens des étoiles situées au-dessus d'eux, ils se querellèrent déplorablement. Au cours des ans, d'autres chanteurs et d'autres discours surgirent, et Leo, oubliant qu'il ne saurait jamais y en avoir trop, les détestait parce qu'ils accaparaient les applaudissements des enfants des hommes, qu'il estimait devoir être uniquement pour lui. Virgo se fâchait, elle aussi, et alors les chants s'interrompaient et les plaisanteries s'affadissaient durant des semaines, et les enfants des hommes criaient :

— Allez-vous-en chez vous, les deux bohémiens. Allez-vous-en et apprenez à chanter quelque chose qui en vaille la peine.

Après l'un de ces tristes jours de honte, Virgo, qui marchait au côté de Leo, vit la pleine lune se lever par-dessus les arbres, et elle saisit le bras de Leo en s'écriant :

— Voici que le temps est révolu. Oh ! Leo, pardonne-moi !

— Qu'y a-t-il ? dit Leo, qui pensait aux autres chanteurs.

— Oh ! mon mari ! répliqua-t-elle.

Et elle porta la main à son sein, et le sein qu'il connaissait si bien était dur comme pierre. Leo soupira, et se rappelant les paroles du Crabe, il s'écria :

— A coup sûr nous étions autrefois des dieux.

— A coup sûr nous sommes toujours des dieux, reprit Virgo. Ne te rappelles-tu pas que toi et moi nous sommes allés à la Maison du Crabe et… que nous n'étions pas trop effrayés ? Et depuis lors… nous avons oublié dans quel but nous chantions… Nous chantions pour des sous, et, hélas ! nous avons lutté pour des sous !… Nous qui sommes les Enfants du Zodiaque !

— C'était ma faute, dit Leo.

— Comment peut-il y avoir de ta faute qui ne soit aussi la mienne ? dit Virgo. Mon temps est révolu, mais tu vivras encore longtemps, et…

Son regard exprima tout ce qu'elle ne put proférer.

— Oui, je me souviendrai que nous sommes des dieux, dit Leo.

Il est très dur, même pour un Enfant du Zodiaque qui a oublié sa divinité, de voir sa femme se mourir lentement et de savoir qu'il ne peut lui venir en aide. Dans ces derniers mois, Virgo raconta à Leo tout ce qu'elle avait dit et fait parmi les femmes et les petits enfants en dehors des représentations nomades, et Leo s'étonna de l'avoir si peu connue, elle qui était tout pour lui. Quand elle fut à la mort elle l'adjura de ne jamais plus lutter pour des sous ni se quereller avec d'autres chanteurs, et surtout de se remettre à chanter dès qu'elle serait morte.

Elle mourut, et après l'avoir enterrée, il fit route jusqu'à un village de sa connaissance, où les gens espéraient le voir se disputer avec un nouveau chanteur qui s'était produit durant son absence. Mais Leo l'appela « Mon frère ». Le nouveau chanteur était marié depuis peu — Leo le savait — et quand il eut fini de chanter, Leo se dressa et chanta le chant de Virgo qu'il avait composé chemin faisant. Tous ceux qui étaient mariés ou en espoir de l'être, de quelque condition ou race qu'ils fussent, comprirent cette chanson… jusqu'à la jeune femme appuyée au bras de son nouvel époux. Quand Leo cessa de chanter et qu'il sentit son cœur prêt à se briser, les hommes sanglotaient.

— Voilà une histoire triste, dirent-ils enfin ; à présent fais-nous rire.

Parce que Leo avait connu tout le chagrin qu'un homme peut endurer, y inclus la pleine conscience de sa propre chute quand on a été jadis un dieu… il changea aussitôt de gamme, et fit rire les gens, si fort qu'ils n'en pouvaient plus. Ils s'en allèrent, disposés à affronter tous les maux imaginables, et ils donnèrent à Leo plus de plumes de faisan et de sous qu'il n'en pouvait compter. Sachant que les sous entraînent aux disputes et que les plumes de faisan étaient odieuses à Virgo, il les rejeta loin de lui et se mit en quête de ses frères, pour leur rappeler qu'ils étaient des dieux.

Il trouva le Taureau ensanglantant les buissons d'un fossé, car le Scorpion l'avait piqué, et il se mourait, non pas lentement comme Virgo, mais promptement.

— Je sais tout, gémit le Taureau à la vue de Leo. J'avais oublié aussi, mais voilà que je me rappelle. Va voir les champs que j'ai labourés : les sillons sont droits. J'avais oublié que j'étais un dieu, mais malgré cela j'ai tiré la charrue bien droit. Et toi, frère ?

— Je ne suis pas au bout de mon labourage, dit Leo. Est-ce que la mort fait mal ?

— Non, pas la mort, mais de mourir, dit le Taureau.

Et il expira.

Le cultivateur qui le possédait alors fut très marri, car il lui restait encore un champ à labourer.

Ce fut après cela que Leo composa le chant du Taureau qui avait été un dieu et ne s'en souvenait plus, et il le chanta de telle sorte que la moitié des jeunes hommes du monde s'imaginèrent qu'eux aussi étaient peut-être bien des dieux sans le savoir. Une moitié de cette moitié en conçurent une vanité insupportable et moururent de bonne heure. Une moitié du reste s'efforcèrent d'être des dieux sans y parvenir, mais l'autre moitié accomplirent quatre fois plus de besogne qu'ils n'auraient fait sous l'influence de toute autre illusion.

Plus tard, des années plus tard, toujours errant par monts et par vaux et faisant rire les enfants des hommes, il trouva les Gémeaux assis sur la berge d'un torrent, à attendre la venue des Poissons qui les emporteraient. Ils n'étaient pas le moins du monde effrayés, et ils dirent à Leo que la femme de la maison avait un vrai bébé à elle, et que quand le bébé serait assez grand pour devenir méchant, il trouverait un chat bien éduqué, tout prêt à se laisser tirer la queue. Alors les Poissons vinrent les chercher, mais tout ce que virent les gens, ce fut deux enfants noyés dans un torrent, et bien que leur mère adoptive en fût très triste, elle serra son vrai bébé sur son sein et se réjouit de n'avoir perdu que les enfants trouvés.

Alors Leo composa le chant des Gémeaux qui avaient oublié qu'ils étaient des dieux et qui avaient joué dans la poussière pour amuser leur mère adoptive. Ce chant fut chanté partout parmi les femmes. Il les faisait tout à la fois rire et pleurer et serrer leurs petits plus étroitement sur leurs cœurs ; et plusieurs des femmes qui se souvenaient de Virgo dirent :

— A coup sûr c'est la voix de Virgo. Elle seule pouvait en savoir autant sur nous.

Après avoir composé ces trois chants, Leo les rechanta sans cesse jusqu'à ce qu'il fût en danger de ne plus voir en eux qu'autant de mots vides, et les gens qui l'écoutaient s'en fatiguaient, et Leo fut repris de la vieille tentation de cesser de chanter une fois pour toutes. Mais il se rappela les paroles de Virgo mourante, et persévéra.

Tandis qu'il chantait, l'un de ses auditeurs l'interrompit :

— Leo, dit-il, voilà quarante ans que je t'entends nous raconter de ne pas avoir peur. Ne peux-tu enfin nous chanter quelque chose de nouveau ?

— Non, dit Leo, c'est le seul chant que je sois autorisé à chanter. Vous ne devez pas avoir peur des Maisons, même quand elles vous tuent.

De lassitude, l'homme allait s'éloigner, mais un sifflement déchira l'air, et l'on vit la flèche du Sagittaire raser le sol, dardée vers le cœur de l'homme. Il se redressa, et resta paisiblement à attendre que la flèche eût atteint son but.

— Je meurs, dit-il avec calme. Il est bon pour moi, Leo, que tu aies chanté pendant quarante ans.

— As-tu peur ? dit Leo penché sur lui.

— Je suis un homme, et non un dieu, dit l'homme. Sans tes chants je me serais enfui. Ma tâche est faite, et je meurs sans montrer ma peur.

« Me voici fort bien récompensé, se dit Leo en lui-même. A présent que j'ai vu ce que produisent mes chants, je vais en chanter de meilleurs. »

Il chemina sur la route, rassembla sa petite foule d'auditeurs, et entama le chant de Virgo. Tout en chantant, il sentit sur la pomme de sa gorge le contact glacé de la patte du Crabe. Il leva la main, et se tut un instant, étouffé.

— Chante, Leo, dit la foule. Ta vieille chanson coule toujours aussi bien qu'autrefois.

Le cœur étreint par la crainte glacée, Leo poursuivit résolument jusqu'au bout. Son chant terminé, il sentit l'étreinte se resserrer sur sa gorge. Il était vieux, il avait perdu Virgo, il se savait en train de perdre plus de la moitié de son aptitude à chanter, il pouvait à peine se traîner jusqu'aux foules décroissantes qui l'attendaient, et il ne distinguait plus les figures qui l'entouraient. Néanmoins il cria coléreusement au Crabe :

— Pourquoi viens-tu déjà me prendre ?

— Tu es né sous mon signe. Comment pourrais-je me dispenser de venir te prendre ? dit le Crabe avec lassitude, car tout être humain que tuait le Crabe lui avait posé la même question.

— Mais je commençais seulement à comprendre l'effet produit par mes chants, dit Leo.

— C'est peut-être bien pour cela, dit le Crabe, dont l'étreinte se resserra.

— Tu avais dit que tu ne viendrais pas avant que j'eusse pris le monde aux épaules, râla Leo, en tombant à la renverse.

— Je tiens toujours ma parole. Tu as réalisé cela par trois fois, au moyen de trois chants. Que veux-tu de plus ?

— Laisse-moi vivre encore assez pour voir le monde l'apprendre, implora Leo. Laisse-moi m'assurer que mes chants…

— Rendent les hommes braves ? dit le Crabe. Même alors il resterait un homme qui a eu peur. Virgo était plus brave que toi. Viens.

Leo se trouvait tout proche de la bouche infatigable et insatiable.

— J'oubliais, dit-il simplement. Virgo était plus brave. Mais je suis aussi un dieu, et je n'ai pas peur.

— Qu'est-ce que ça me fait ? dit le Crabe.

Alors la parole fut ravie à Leo, et il gisait inerte et muet, dans l'attente de la mort.

Leo fut le dernier des Enfants du Zodiaque. Après sa mort il surgit une race de petits hommes vils, qui pleurnichaient, geignaient et se lamentaient parce que les Maisons les tuaient eux et les leurs, eux qui souhaitaient vivre à jamais sans la moindre souffrance. Ils n'accroissaient pas le nombre de leurs jours, mais ils accroissaient déplorablement leurs peines, et il n'y avait plus d'Enfants du Zodiaque pour les guider, et la plupart des chants de Leo s'étaient perdus.

Mais il avait gravé sur la tombe de Virgo la dernière strophe du chant de Virgo, qui figure en tête de ce récit.

Un enfant des hommes, venu des milliers d'années après, la débarrassa du lichen, lut les vers, et les appliqua à un autre malheur que celui où les avait destinés Leo. Comme c'était un homme, les hommes crurent qu'il avait composé ces vers lui-même ; mais ils sont l'œuvre de Leo, l'Enfant du Zodiaque, et ils enseignent comme il l'enseignait, que quelque chose qui nous arrive ou non, nous autres hommes n'en devons pas être effrayés.

FIN

Milton Keynes UK
Ingram Content Group UK Ltd.
UKHW010708240424
441619UK00004B/349